COUPE ET CONFECTION

DES

VÊTEMENTS DE FEMMES

ET D'ENFANTS

PAR

Mlle E. GRAND'HOMME

Directrice du cours de coupe à l'École normale primaire de la Seine
Maîtresse de conférences
à l'École normale supérieure du département de la Seine.

GRANDE MÉDAILLE DE VERMEIL

A L'EXPOSITION UNIVERSELLE DE 1878

*La plus haute récompense accordée par M. le Ministre de l'Instruction publique
pour cet enseignement spécial.*

CINQUIÈME ÉDITION

REVUE, CORRIGÉE ET MODIFIÉE PAR L'AUTEUR

(AUTORISÉE DANS LES ÉCOLES NORMALES ET COMMUNALES)

PARIS

CHEZ L'AUTEUR	SE TROUVE
173, RUE DU FAUBOURG-SAINT-MARTIN	CHEZ TOUS LES LIBRAIRES

1884

8°

6790

COUPE ET CONFECTION

DES

VÊTEMENTS DE FEMMES

ET D'ENFANTS

COUPE ET CONFECTION

DES

VÊTEMENTS DE FEMMES

ET D'ENFANTS

PAR

Mlle E. GRAND'HOMME

Directrice du cours de coupe à l'École normale primaire de la Seine
Maîtresse de conférences
à l'École normale supérieure du département de la Seine.

GRANDE MÉDAILLE DE VERMEIL

A L'EXPOSITION UNIVERSELLE DE 1878

*La plus haute récompense accordée par M. le Ministre de l'Instruction publique
pour cet enseignement spécial.*

CINQUIÈME ÉDITION

REVUE, CORRIGÉE ET MODIFIÉE PAR L'AUTEUR

(AUTORISÉE DANS LES ÉCOLES NORMALES ET COMMUNALES)

PARIS

CHEZ L'AUTEUR | **SE TROUVE**
173, RUE DU FAUBOURG-SAINT-MARTIN | CHEZ TOUS LES LIBRAIRES

1884

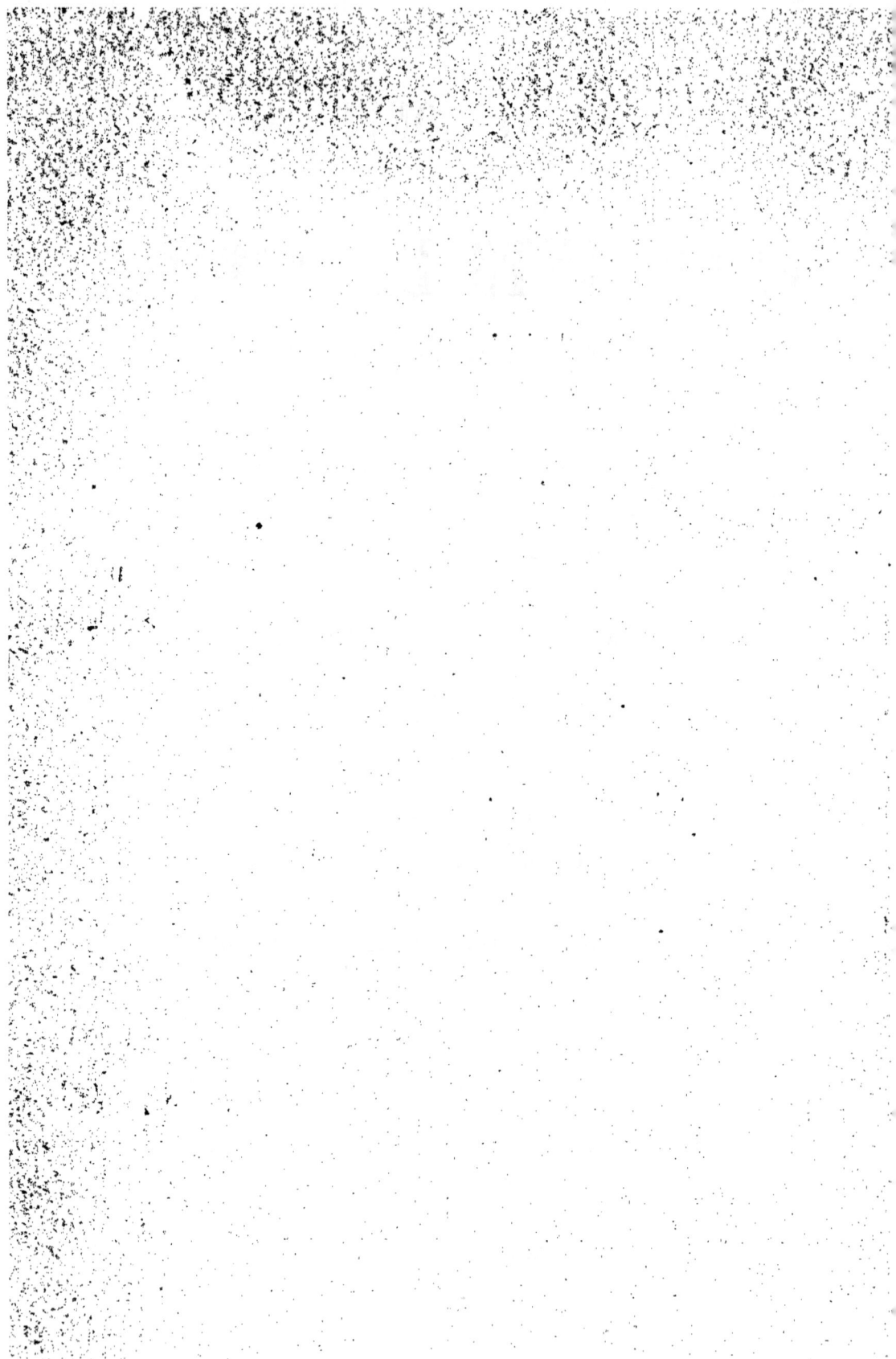

EXTRAIT D'UN MÉMOIRE

ADRESSÉ

A M. LE PRÉFET DE LA SEINE

PAR

M. GRÉARD

INSPECTEUR GÉNÉRAL DE L'INSTRUCTION PUBLIQUE,
Directeur de l'Instruction primaire de la Seine.

(Octobre 1875)

L'initiative des cours de coupe et de confection est partie du IXe arrondissement ; elle est due au maire, M. Émile Ferry. Grâce à l'activité d'une maîtresse fort habile, Mlle Grand'homme, de sérieux progrès ont été accomplis. Les familles goûtent beaucoup l'institution. Elle a déjà eu pour effet de retenir quelques jeunes filles une année de plus à l'école (1). Celles qui doivent entrer en apprentissage gagnent à ce noviciat un temps considérable : six, huit mois et quelquefois plus, sur trente. Pour toutes c'est un commencement d'instruction. « Je voudrais, disait Fénelon, — dont les conseils s'adressaient à une autre classe que celle dont nous avons à nous occuper, — je voudrais qu'une jeune fille n'eût jamais besoin des mains d'autrui pour tous les objets qui lui servent à se vêtir. »

(1) Sur la proposition de M. le maire, la Caisse des écoles du IX° arrondissement a fondé un cours de coupe de vêtements de femmes et d'enfants spécialement destiné aux institutrices et aux personnes qui ne fréquentent pas les écoles communales.

Ce cours, dirigé par M¹¹ᵉ Grand'homme, a lieu le jeudi de chaque semaine, de deux heures à cinq heures du soir, à la mairie du IX° arrondissement, rue Drouot, n° 6.

Chargée en 1870, par M. le Ministre de l'Instruction publique, de l'enseignement de la coupe des vêtements de femmes à l'École normale supérieure de la Seine, M¹¹ᵉ Grand'homme a été nommée, en 1879, à la direction de l'un des cours normaux, spécialement consacrés aux directrices et aux adjointes aspirantes au brevet de l'enseignement de la coupe dans les écoles communales. Ce cours a lieu au Iᵉʳ arrondissement, le jeudi, de neuf heures à midi, rue Molière.

AVERTISSEMENT

Pour répondre au désir des personnes bienveillantes qui ont encouragé nos constants efforts depuis 1868, nous avons publié notre méthode qui comprend la coupe et la confection de tous les vêtements usuels. Elle est destinée aux élèves des écoles communales.

Nous avons voulu donner aux jeunes filles de ces écoles des notions utiles, quelle que soit la profession qu'elles embrasseront dans l'avenir; tel a été notre but. Les résultats obtenus nous ont prouvé qu'on pouvait l'atteindre. Dans les écoles primaires de Paris, sous notre direction, ou celle des institutrices enseignant cette méthode, en peu de temps, des jeunes filles de douze et treize ans dessinent des patrons, taillent et confectionnent des vêtements, soit pour elles-mêmes, soit pour leurs familles.

Nous présentons de nouveau notre méthode avec confiance : les élèves l'accueillent favorablement, car l'enfance aime le travail facile, et les mères de famille apprécient la valeur des connaissances acquises par leurs jeunes filles : là est notre récompense.

C'est à M. le maire du IX⁰ arrondissement et à MM. les membres du Conseil d'administration de la Caisse des écoles, que nous devons la publication des éditions successives de ce travail, et nous tenons à les remercier ici de leur appui et de leur généreuse libéralité.

Nous remercions aussi Mᴵᴵᵉ Hamel, institutrice communale à Paris, qui a bien voulu nous venir en aide dans la préparation de nos résumés.

Notre méthode, admise aux Expositions de Philadelphie et d'Amsterdam, seule récompensée à l'Exposition universelle de Paris 1878, est enseignée dans les écoles normales et communales du département de la Seine et des principales villes de France ; elle est professée en Turquie, en Russie et en Suède. Elle a été traduite en anglais.

La première édition (mars 1876) ayant été épuisée dans un laps de temps très court, nous en avons publié une nouvelle (mars 1879) ; une troisième (août 1880), une quatrième (janvier 1882), et nous en publions une cinquième, beaucoup plus complète, espérant qu'elle recevra le même accueil de la part de ceux qui ont compris notre pensée : Encourager le travail en famille.

E. GRAND'HOMME.

Mai 1884.

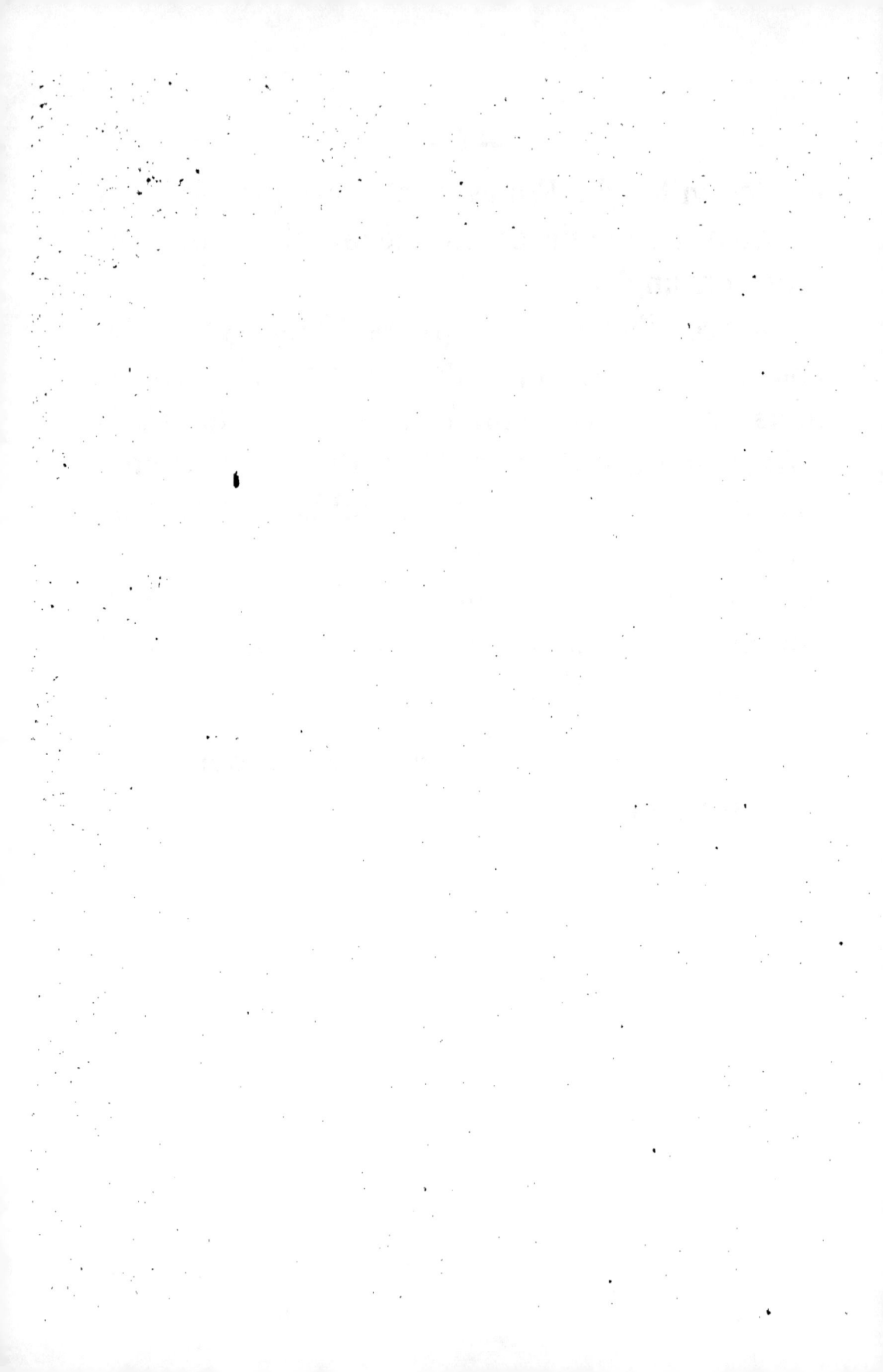

COUPE ET CONFECTION

I

NOTIONS PRÉLIMINAIRES

La confection d'une robe ou d'un vêtement est l'assemblage de plusieurs pièces réunies par des coutures. Pour faire un corsage de robe, avant d'assembler ces pièces, il faut les tailler sur des modèles ou patrons, que l'on exécute soi-même en prenant certaines mesures que nous indiquerons plus loin.

Pour rendre plus facile l'exécution de ces patrons, on trace les contours dans des figures appelées *rectangles*, d'où l'on supprime méthodiquement toutes les parties inutiles. Ainsi, pour dessiner une manche, on fait un rectangle et chaque angle est indiqué par une des lettres A, B, C, D. Ces lettres nous servent de point de repère ; puis on trace, suivant les mesures indiquées, le modèle de cette partie du vêtement.

Ce dessin exécuté, on n'a plus qu'à le découper. Tel est le but de la méthode de coupe.

Pour faciliter la démonstration de notre travail, de nombreuses figures dans le texte, entièrement inédites, graduées et numérotées à l'échelle de 1 millimètre par centimètre, servent à guider l'élève.

———

I

MESURES

Si la personne de laquelle on prend les mesures est vêtue d'une robe à taille ronde, les longueurs de la taille et du dos sont faciles à préciser. Sur toute autre robe, les longueurs seraient inexactes. Pour faciliter le travail de l'élève, il est bon d'entourer d'un ruban la taille de la personne, ce qui remplace la ceinture et précise les longueurs de la taille, du dos et du dessous du bras.

Pour l'application de notre méthode de coupe, deux sortes de mesures sont indispensables:

1° Les *mesures variables* ;

2° Les *mesures complémentaires*.

1. — Mesures variables.

Les mesures variables sont ainsi nommées, parce qu'elles varient selon la taille de chaque personne ; ces mesures sont au nombre de onze :

1. Longueur de la taille.
2. Largeur des épaules prise devant.
3. Longueur du dessous du bras.
4. Tour de la taille.
5. Longueur du dos.
6. Largeur du dos.
7. Mesure justificative.
8. Longueur du bras (*mesure qui se prend deux fois : longueur intérieure et extérieure*).
9. Grosseur du bras.
10. Grosseur du poignet.
11. Longueur de la jupe (*mesure qui se prend trois fois : devant, à la hanche et derrière*).

Ces mesures servent à former les rectangles du demi-devant du corsage, du demi-dos, du petit côté ou complément du dos, de la manche et de la jupe.

Toute longueur s'emploie en son entier ; toute largeur se divise en deux ; la quatrième mesure, tour de la taille, se divise en quatre. La mesure justificative s'emploie en général par tiers, quart et moitié.

2. — Mesures complémentaires.

Les mesures complémentaires sont des mesures de convention qui servent pour l'exécution du dessin des patrons de toutes les tailles ; elles ne varient pas pour la taille de femme.

Elles sont indiquées aux rectangles du corsage, de la manche et de la jupe, par des chiffres représentant un nombre fixe de centimètres.

———

III

MANIÈRE DE PRENDRE LES MESURES

Afin de faciliter aux élèves la manière de prendre les mesures, nous donnons d'abord deux figures (*devant, dos et partie de la jupe*), sur lesquelles le mètre se trouve indiqué par de petits traits verticaux, et placé rigoureusement tel qu'il doit l'être sur la personne. — A chacune des mesures prises sur la personne se trouve un numéro correspondant aux mesures.

1º **Longueur de la taille.** — Cette mesure se prend de la couture de l'épaule (encolure) au bas de la taille (ceinture).

2º **Largeur des épaules** (prise par devant). — De la couture de l'épaule (entournure droite) à la couture de l'épaule (entournure gauche).

3° Longueur du dessous du bras. — De la couture du dessous du bras (entournure) à la hanche.

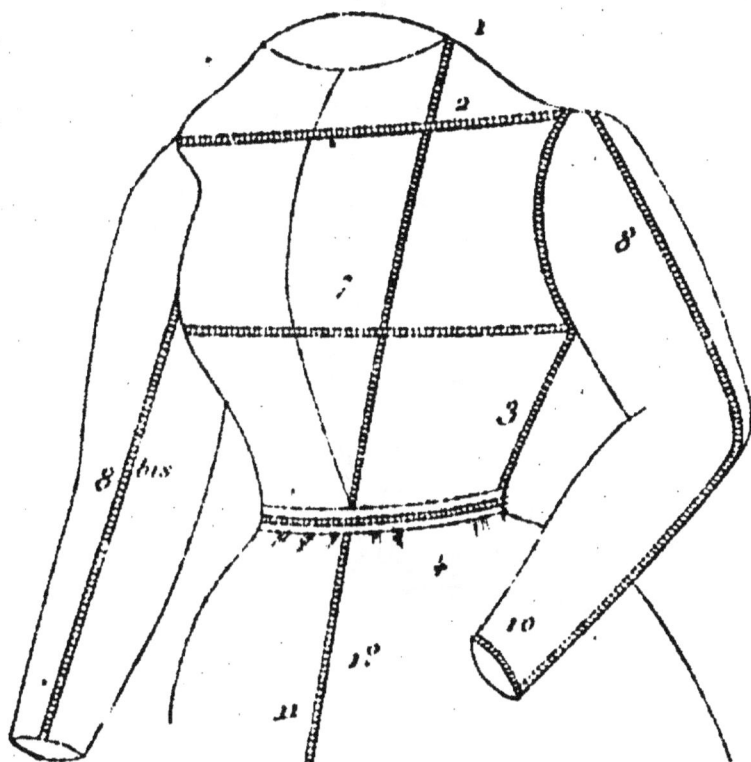

4° Tour de la taille. — Entourer la taille de la personne et serrer un peu.

5° Longueur du dos. — De la couture de l'épaule (encolure) au bas de la taille (ceinture).

6° Largeur du dos. — De la couture de l'épaule (entournure droite) à la couture de l'épaule (entournure gauche).

7° Mesure justificative ou grosseur totale de la personne, dos et devant.

Cette mesure se prend en passant le mètre sous les bras. Il faut entourer la poitrine et réunir le mètre au milieu du dos (1).

(1) Lorsqu'on habille un buste, comme cela a lieu actuellement dans les écoles de Paris, la largeur du dos donne un nombre de centimètres très élevé relativement aux autres mesures. Pour régulariser cette différence, il suffit de voir le numéro d'ordre que porte le buste à l'encolure et de doubler ce nombre plus 2 centimètres, lorsque ce numéro est égal ou supérieur à 40 ; au-dessous de 40 il suffit de le doubler pour obtenir le nombre de centimètres que doit avoir la mesure justificative.

8° **Longueur du bras.** — Cette mesure se prend deux fois :

1. De la couture de l'épaule (entournure) au poignet, en faisant plier le bras : **longueur extérieure du bras.**

2. Du haut de la couture intérieure de la manche au poignet, en faisant tendre le bras : **longueur intérieure du bras.**

9° **Grosseur du bras.** — Entourer le bras à l'entournure et ne pas serrer.

10° **Grosseur du poignet.** — Entourer le poignet très exactement.

11° **Longueur de la jupe.** — Cette mesure se prend trois fois :

1. Devant,
2. A la hanche,
3. Derrière.

Il faut toujours compter 3 centimètres de plus que le nombre de centimètres indiqué, car l'étoffe, une fois coupée, remonte. Le drap, le velours et le mérinos font exception.

Nota. — L'élève doit apprendre de mémoire le nom et le numéro d'ordre de chaque mesure et ne rien changer à la marche que nous indiquons.

IV

VÉRIFICATION DES MESURES

Les mesures prises, il faut les vérifier :

La 2me mesure, **largeur des épaules**, prise par devant, et la 6° mesure, **largeur du dos**, comparées, doivent donner exactement comme différence 7 centimètres (et 5 pour les enfants). Si l'on ne trouve pas 7, il faut ajouter ou retrancher à la largeur des épaules, prise par devant, mais ne rien changer à la largeur du dos. Le nombre 7 est exigé par la conformation du cou. Il arrive très souvent que la largeur des épaules nous donne comme excédent 15, ce qui indique que la robe de la personne à laquelle on prend mesure a les coutures des épaules rejetées en arrière. Si l'on veut copier exactement cette robe, il faut :

1. Que la soustraction donne comme différence 11 ;

2. Changer l'emploi de la mesure variable, grosseur du poignet. (Voir chapitre X, page 60.)

V

MESURES VARIABLES

s'employant à l'aide des mesures complémentaires.

La 2ᵐᵉ mesure, **largeur des épaules**, et la 6ᵐᵉ mesure, **largeur du dos**, comparées, donnent comme différence 7, et 5 pour les enfants (*mesure complémentaire*).

La 7ᵐᵉ mesure, **mesure justificative**, a deux emplois :

1º Elle donne la grosseur exacte de la personne, dos et devant ;

2º Elle s'emploie pour vérifier les patrons ;

Le demi-devant du corsage, le petit côté et le demi-dos réunis, il faut trouver du milieu du demi-devant au milieu du demi-dos, à 3 centimètres au-dessous de l'entournure, la moitié de la mesure justificative plus 2, si l'on veut que la robe ne soit pas serrée à la poitrine.

Si l'on trouve davantage, il faut retrancher l'excédent à l'entournure, du demi-devant de l'entournure à la hanche.

La 5ᵐᵉ mesure, **tour de la taille**, s'emploie avec la mesure complémentaire ; quand on décide le nombre de centimètres que doit contenir chaque pince, on prend le quart du tour de la taille plus 3 centimètres (*mesure complémentaire*). — Le nombre obtenu donne la mesure du corsage à la taille, les pinces fermées; l'excédent sert à former les pinces.

La 9me mesure, **grosseur du bras**, se divise en deux.

La 10me mesure, **grosseur du poignet**, s'emploie par tiers, quart, moitié et en son entier, en y ajoutant toujours 1 ou 2 centimètres (*mesure complémentaire*).

La grosseur du poignet donne :

1° L'encolure du demi-devant, et du demi-dos de la robe ;

2° Le biais donné à la couture de l'épaule du demi-devant et du demi-dos de la robe;

3° L'entournure du demi-devant et du demi-dos de la robe.

Nota. — La 2me mesure, largeur des épaules, prise par devant, et la 8me mesure, longueur intérieure du bras, ne forment pas de rectangles.

VI

TRACÉ D'UN PATRON DE ROBE

L'exécution d'une robe de femme consiste dans le tracé des patrons :

1° Du demi-devant de la robe,
2° Du demi-dos,
3° Du petit côté,
4° De la manche,
5° De la jupe.

I. — Tracé du demi-devant de la robe.

Pour la hauteur du rectangle, prendre la longueur de la taille.

Pour la largeur du rectangle, le tiers de la mesure justificative moins 1 centimètre, lorsque la mesure justificative est inférieure à 1 mètre (égale ou supérieure à 1 mètre, le tiers moins 2 centimètres).

Les angles du rectangle sont indiqués par A B C D.

Encolure. — Pour tracer l'encolure de A vers B

porter le tiers de la grosseur du poignet plus 1 centimètre, porter E ; de A vers C porter la moitié de la grosseur du poignet, E', et réunir par une courbe E à E'.

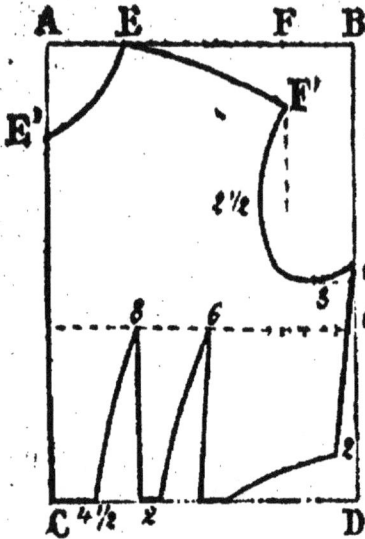

Biais de l'épaule. — Pour le tracé du biais de l'épaule, de A vers B porter la moitié de la largeur des épaules, l'indiquer par F ; de F porter verticalement le tiers de la grosseur du poignet si la mesure justificative est inférieure à 85 ; égale ou supérieure à 85, porter le tiers plus 1 centimètre (pour les enfants ne porter que le quart, voir page 81), marquer F' ; réunir F' à E par une ligne légèrement courbe.

Entournure. — Prendre la grosseur du poignet plus 1, si le poignet est égal ou moindre de 16 centimètres (au dessus de 16 ne rien ajouter), et du point F' (biais de l'épaule) porter verticalement la longueur obtenue, en la reportant toutefois à la ligne B D, et l'indiquer par une ligne horizontale d'environ 3 centimètres (et 2 1/2 pour fillette).

De cette ligne vers B, porter 1 centimètre et le réunir à l'extrémité de la ligne horizontale, point 3, par une ligne légèrement courbe ; du point F', biais de l'épaule, tracer une ligne verticale ponctuée égale à la moitié de la distance contenue de F' à la ligne horizontale ; à l'extrémité de cette ligne, porter vers la gauche 2 centimètres 1/2, lorsque la largeur du dos est égale ou supérieure à 37 centimètres (au dessous de 37, il ne sera porté que 2 centimètres), puis réunir par une ligne courbe le point F' au point 3, entournure, en passant au point 2 1/2 de la ligne ponctuée; du point 1, entournure, porter vers D le nombre de centimètres que donne la 3me mesure variable, longueur du dessous du bras, l'indiquer par un point; de ce point rentrer de 2 centimètres, et réunir au point 1 par une oblique.

Pinces. — Pour fixer la hauteur des pinces, du point 1, entournure, porter vers D 6 centimètres (et 4 pour fillette) et tracer une ligne horizontale ponctuée indiquant la hauteur des pinces. De la ligne A C, milieu du corsage, sur la ligne ponctuée, porter 8 centimètres pour la première pince; du point 8, porter 6 centimètres pour la deuxième pince.

Les nombres 8 et 6 *(mesures complémentaires)* s'emploient toutes les fois que la mesure justificative atteint ou excède 85 centimètres; or, de 80 à 85, on ne portera que 7 centimètres pour la première pince et 5 pour la deuxième, et au-dessous de 80, 6 centimètres pour la première pince et 4 pour la deuxième.

De l'angle C vers l'angle D porter 4 centimètres 1/2; réunir le point 8 au point 4 1/2 par une oblique.

Pour connaître le nombre de centimètres que doit contenir chaque pince, prendre le quart du tour de la taille, plus 3 *(mesure complémentaire)* ; mener la longueur obtenue de C en D jusqu'au point 2 et l'indiquer par un point.

Le reste de la ligne C jusqu'au point 2 donne la largeur des pinces ; diviser en deux cette largeur pour chacune des pinces ; du point 4 1/2 porter vers la droite la moitié du nombre obtenu et réunir au sommet de la pince par une ligne oblique.

Entre les pinces, 2 centimètres d'espace (2 1/2 au demi-devant de la robe à basque et de la robe princesse) ; réunir le point 2 au point 6, et le point 6 à la moitié du reste de la ligne C jusqu'au point 2, pour achever la deuxième pince.

Pour ne tracer qu'une pince, de la ligne A C sur la ligne ponctuée, il sera porté 9 centimètres ; du point 9 tracer une ligne verticale ponctuée qui se termine ligne C D. (Voir le dessin page 42.)

II. — Tracé du dos.

Pour la hauteur du rectangle, prendre la longueur du dos ;

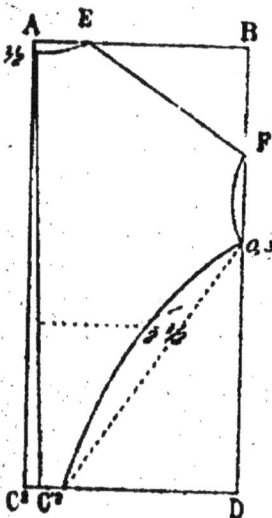

Pour la largeur du rectangle, la demi-largeur du dos.

Les angles du rectangle sont indiqués par A B C D.

Le rectangle étant tracé, de C vers D porter 2 centimètres (et 1 centimètre 1/2 pour fillette), marquer C' et réunir à A par une ligne oblique.

Encolure. — De A vers B porter le tiers de la grosseur du poi-

gnet, indiquer E ; de A vers C porter 1/2 centimètre
et réunir à E par une légère courbe.

Biais de l'épaule. — Dé B vers D porter les
deux tiers de la grosseur du poignet et moins 1 centimètre lorsque le poignet est supérieur à 16 centimètres (pour les enfants, la moitié du poignet),
l'indiquer par F et réunir F à E par une ligne oblique.

Entournure. — Du point F, biais de l'épaule,
porter verticalement la moitié de la grosseur du
poignet, l'indiquer par un point ; de ce point rentrer
de 2 millimètres dans le rectangle et le réunir à F
par une ligne courbe.

Pour le tracé de la ligne courbe où doit se réunir le petit côté ou complément du dos, de C vers
D porter 2 centimètres (pour le demi-dos à basque
et le demi-dos de princesse 3 centimètres, lorsque
le tour de la taille est inférieur à 65 ; de 65 et au
dessus, de C vers D porter 4 centimètres) ; de A
vers C porter les deux tiers de la longueur du dos,
l'indiquer par une ligne ponctuée parallèle à A B ;
du point 2 millimètres, entournure, tracer une ligne
oblique ponctuée qui se termine au point 2, ligne
C'D ; de la jonction des deux lignes ponctuées,
porter vers la ligne A C 2 centimètres et demi,
toutes les fois que la largeur du dos atteint ou excède 37 centimètres (au-dessous de 37 ne porter
que 2 centimètres) ; du point 2 millimètres, entournure, tracer une ligne légèrement courbe passant
au point 2 1/2 et terminer au 2, ligne C D.

Nota. — Pour tracer l'entournure du dos n'ayant
pas de petit côté, celui-ci pouvant être remplacé

par une ou plusieurs coutures verticales, du point F, biais de l'épaule, on porte verticalement la moitié de la grosseur du poignet plus 3.

Ce genre d'entournure se trace en entier.

Il en est de même pour le caraco et le tablier forme princesse.

III. — Tracé du petit côté.

Pour former le rectangle du petit côté, prendre :

Longueur du dessous du bras plus 5 *(mesure complémentaire)*, pour la hauteur du rectangle ;

Quart du tour de la taille moins 3 centimètres (et moins 4 pour le petit côté du demi-dos à basque ou princesse si le tour de la taille est inférieur à 65 ; de 65 et au-dessus le quart du tour de la taille moins 5 centimètres, mesure complémentaire), pour la largeur du rectangle.

Les angles du rectangle sont indiqués par A B C D.

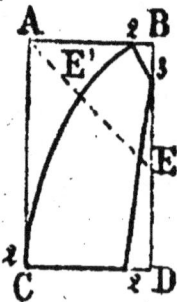

Pour l'entournure, de B vers A porter 2 centimètres *(mesure complémentaire)* ; de B vers D, 3 centimètres *(mesure complémentaire)* ; réunir ces deux points par une ligne légèrement courbe ; de D vers C, porter 2 centimètres ; réunir 2 et 3 par une ligne oblique ; de C vers A, porter 2 centimètres.

Pour préciser la ligne courbe, le nombre de centimètres contenu de A à B sera porté de B vers D ; marquer E et réunir A à E par une ligne ponctuée ; de A vers E porter la moitié du nombre contenu de A à B, plus 1 centimètre, marquer E ; réunir par une ligne courbe le 2 de la ligne B A au 2 de la ligne C A en passant à E'.

IV. — Tracé de la manche.

Pour former le rectangle de la manche, prendre :
Longueur extérieure du bras, hauteur du rectangle ;
Demi-grosseur du bras, largeur du rectangle.
Les angles du rectangle sont indiqués par A B C D.

De A vers C porter le huitième plus 2 de la longueur extérieure du bras, l'indiquer par E ; de B vers A, 6 centimètres (pour fillette, 4 centimètres) ; réunir E au point 6 par une courbe ; de B vers D porter 2 centimètres et réunir au point 6 par une légère courbe ; de C vers A, 4 centimètres (3 pour fillette) ; de C vers D, 11 centimètres (pour fillette, 9) ; réunir 4 et 11 par une oblique.

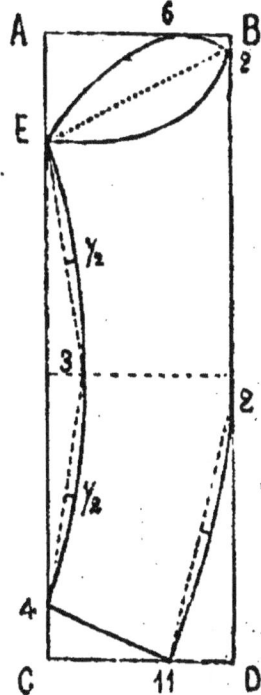

Du point E vers le point 4 porter la moitié de la longueur intérieure du bras, l'indiquer par un point et rentrer de 3 centimètres dans le rectangle (pour fillette, 2).

Du point 3, demi-longueur intérieure du bras, tracer une ligne horizontale ponctuée ; de cette ligne porter 2 centimètres vers D, puis réunir E à 3 par une ligne ponctuée, 3 et 4 par une ligne ponctuée, et 2 et 11 par une ligne ponctuée ; au milieu de ces lignes porter vers la droite un 1/2 centimètre, et réunir ces différents points par de légères courbes.

V. -- Tracé de la jupe.

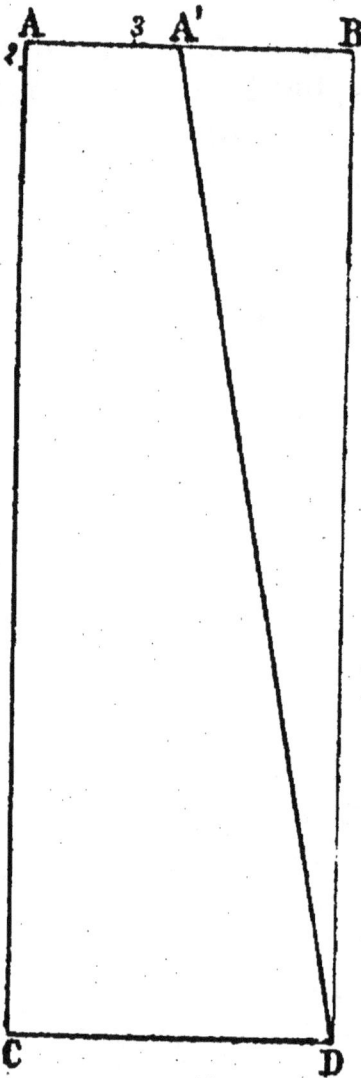

La jupe se compose de plusieurs lés, qui varient selon la mode et la largeur de l'étoffe que l'on emploie; on compte 9 différentes largeurs d'étoffe, que l'on divise comme il suit :

Petite largeur : 40, 50, 60.

Moyenne : 70, 80, 90.

Grande : 100, 110, 120.

Les petites largeurs ne peuvent être employées que pour le devant de la jupe, lorsqu'on veut diminuer de la largeur dans le haut et la garder entière dans le bas.

I. Pour le tracé du rectangle du demi-devant de la jupe, en étoffe petite largeur, prendre la longueur de la jupe par devant pour la hauteur du rectangle, et pour la largeur, celle de la demi-largeur de l'étoffe.

Les angles du rectangle sont indiqués par A B C D.

De A vers B porter la moitié de la largeur donnée au rectangle, marquer A'; de A' vers A, porter 3 centimètres; de A vers C, porter 2 centimètres; réunir 3 et 2 par une oblique (les 3 centimètres sont employés pour le petit pli qui dissimule la poche), puis A' à l'angle D par une oblique.

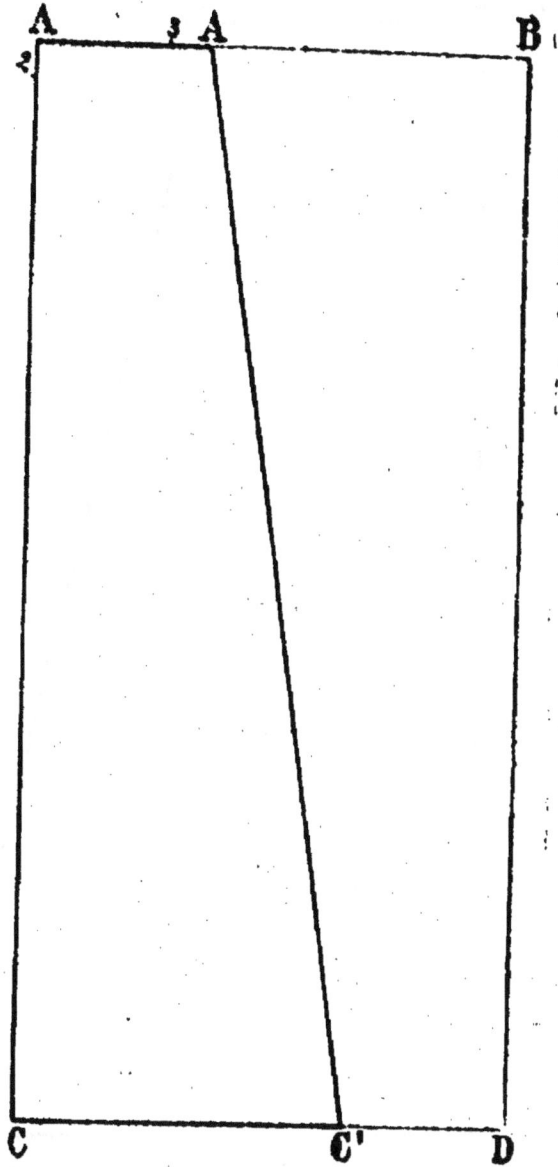

II. — On peut, avec les moyennes largeurs, obtenir dans un lé d'étoffe le devant de la jupe et les deux morceaux biaisés que l'on reporte de chaque côté du devant. Exemple : largeur de l'étoffe, 70 ; largeur du rectangle, 35 (la largeur se divise en deux); hauteur du rectangle, la longueur de la jupe prise par devant.

Les angles du rectangle sont indiqués par ABCD.

La mesure justificative est égale à 80 ou 85 cen-timètres.

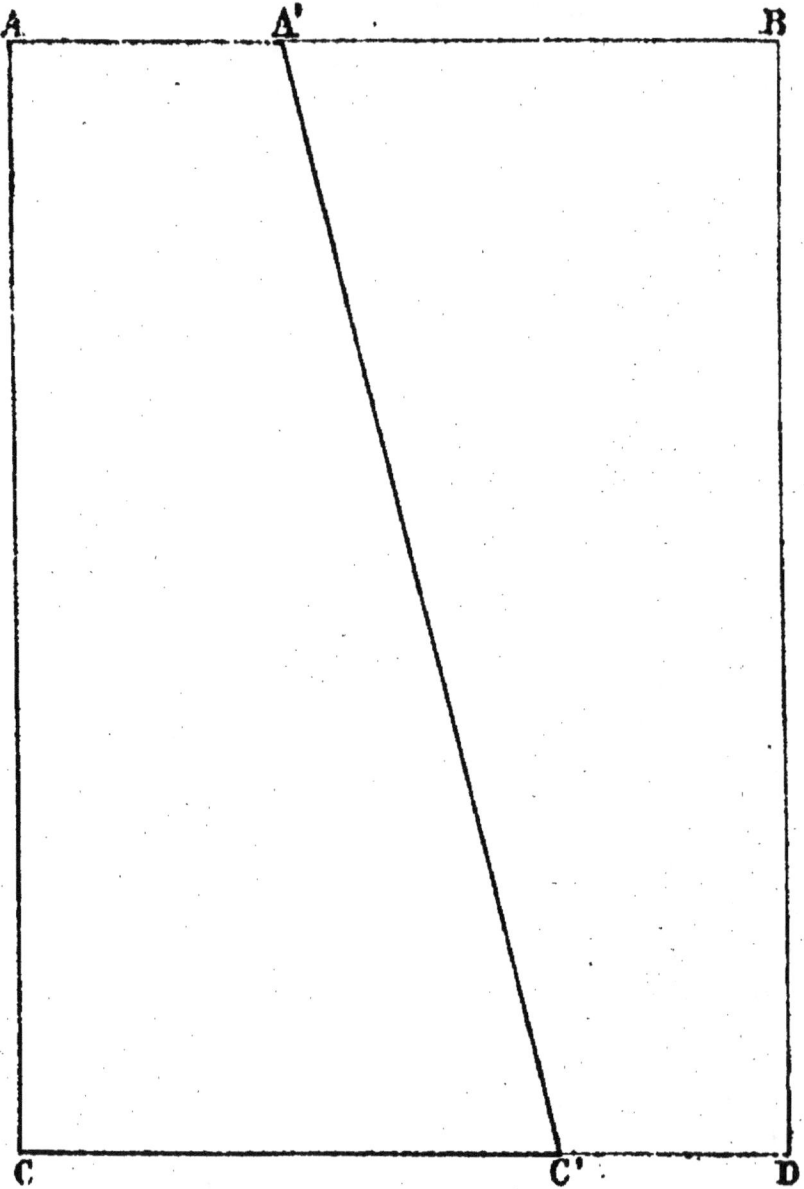

Pour le tracé du demi-devant de la jupe et du côté qui sera ajouté au demi-devant, de C vers D porter 25 centimètres, marquer C' (25 étant la moitié de 50, petite largeur) ; de A vers B, porter la moitié de l'espace compris de C à C', et marquer A' ; de A' vers A porter 3 centimètres ; de A vers C porter 2 centimètres, réunir 3 et 2 par une ligne oblique, et A' à C' par une autre ligne oblique.

Nota. — Si la mesure justificative est égale ou supérieure à 1 mètre, le nombre 70, moyenne largeur, devient insuffisant, et l'on ne trace que le demi-devant de la jupe (voir page 26).

III. — Pour tracer dans un seul rectangle les lés biaisés qui sont portés de chaque côté du devant de la jupe, l'étoffe ne doit pas avoir d'envers, ni de dessins, tels que fleurs, carreaux, etc., dont la trame pourrait être, par exemple, blanc et noir : l'étoffe une fois coupée, il y aurait un lé montant et un lé descendant.

L'étoffe employée n'ayant ni montant ni envers, on peut, avec un lé, obtenir les deux côtés biaisés que l'on reporte de chaque côté du devant. La hauteur du rectangle étant égale à la longueur de la jupe prise à la hanche, la largeur du rectangle a le nombre de centimètres que donne la largeur de l'étoffe.

Les angles du rectangle sont indiqués par A B C D.

De A vers B porter le quart de la largeur du rectangle plus 3 centimètres, marquer A' ; de D vers C, porter de même le quart de la largeur du rectangle plus 3 centimètres, marquer C', et réunir A' à C' par une oblique.

VII

VÉRIFICATION
DES PATRONS DU CORSAGE
PAR LA 7ᵉ MESURE

(MESURE JUSTIFICATIVE)

Pour cela, réunir le dos au petit côté et au devant du corsage (couture du dessous du bras).

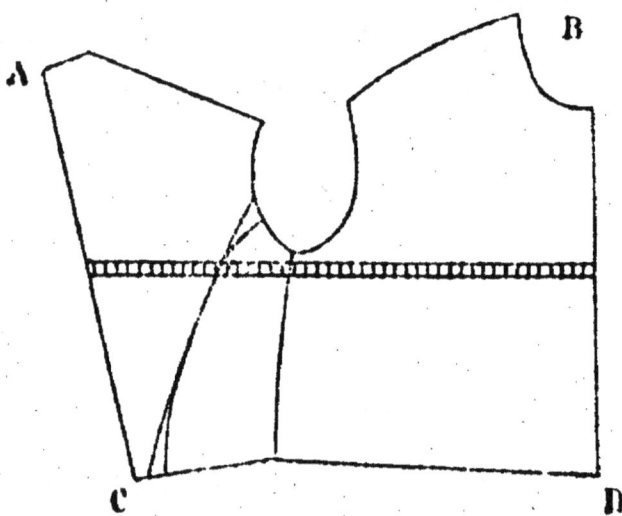

Les trois patrons ainsi réunis forment la moitié du corsage, que l'on vérifie en prenant la moitié de la mesure justificative plus 2.

Pour exécuter cette vérification on pose le mètre à la ligne B D, au-dessous de l'entournure; la distance horizontale de B D à A C doit nous donner le nombre obtenu en prenant la moitié de la mesure justificative plus 2.

Si, au lieu d'obtenir ce résultat, on trouvait la moitié de la mesure justificative plus 3, on devrait retrancher 1 centimètre à partir de l'entournure du demi-devant (couture qui se réunit au petit côté).

⬛ *Nota.* — Les courbes qui joignent le dos au petit côté ne doivent pas se réunir aux deux extrémités, parce que le bras et le bas de la taille diminuent et que l'omoplate est la partie la plus saillante du dos.

VIII

NOTIONS GÉNÉRALES
SUR LA MANIÈRE D'APPRÊTER UNE ROBE
OU UN VÊTEMENT

Lorsque, d'après les mesures variables et les mesures complémentaires, on a tracé les rectangles, dessiné, vérifié et découpé les patrons, il faut les placer sur l'étoffe; si on le préfère, on taille d'abord la doublure, ensuite l'étoffe, toujours double, les deux envers ou les deux endroits se touchant.

1° Le patron du demi-devant d'une robe ou de tout autre vêtement, sera posé sur l'étoffe (ou la doublure) éloigné de 4 centimètres de la lisière, en suivant exactement le fil droit de la chaîne.

2° Le dos de la robe à ceinture ne doit pas avoir de couture verticale de A à C.

Le patron sera posé au pli de l'étoffe, qui doit être mise en double en suivant le fil droit de la chaîne.

Le dos de la robe à basque diffère en ce sens que la ligne oblique tracée de A à C doit être reproduite par l'étoffe, le dos ayant une couture verticale au milieu. Pour l'obtenir il faut poser le patron sur les deux doubles de l'étoffe et éloigner l'angle A de 2 centimètres de la lisière, tandis que l'angle C ne doit l'être que de 1 centimètre, ce qui donne à la hauteur de la ceinture la reproduction de la ligne oblique tracée au patron.

3° Le petit côté ou complément du dos sera porté ainsi : du point 3, entournure, éloigner l'angle D de 2 centimètres, en suivant le fil droit de la chaîne.

4° Le patron de la manche, ligne B, sera porté sur le fil droit de la chaîne jusqu'au point 2 (couture extérieure de la manche).

On taille ensuite en laissant quelques centimètres excéder chaque patron, ce qui donne l'étoffe nécessaire pour assembler par des coutures chacun des morceaux qui composent le corsage, lesquels manqueraient de solidité si les remplis n'étaient pas observés comme suit :

1° Pour l'ourlet du devant, 4 centimètres ;

2° Pour la couture des épaules, dos et devant, pour le petit côté ou complément du dos, et pour la couture extérieure de la manche, 3 centimètres;

3° Pour l'encolure, dos et devant, et les entournures, dos et devant de la robe, un demi-centimètre seulement : ne jamais en donner davantage.

Après avoir posé chaque patron sur la doublure et coupé l'étoffe en observant les remplis comme nous venons de l'expliquer, on ne doit pas détacher les patrons avant d'avoir, par un moyen quelconque, tracé les coutures pour l'assemblage du corsage. On les indique de plusieurs manières :

1º On suit exactement les bords du patron en appuyant avec une petite roulette dentelée qui laisse l'empreinte de ses dents sur les deux doubles de l'étoffe. On trace les pinces de même. Il faut, pour cette façon de tracer, avoir soin de mettre un carton sur la table.

2º On trace les remplis en pliant la doublure juste au patron. Découper les pinces et mettre une épingle au milieu de chacune d'elles. Avoir soin que l'index de la main gauche soutienne l'étoffe et le patron en suivant le tracé des pinces, et que la main droite suive le mouvement de la main gauche en pliant l'étoffe.

On pose ensuite la doublure sur l'étoffe et on réunit l'étoffe et la doublure par un bâti en suivant le tracé de la doublure.

3º Pour tracer les remplis à l'aide d'un patron, on pose la doublure sur l'étoffe, puis le patron, dont on a découpé les pinces, en ne les détachant pas dans le bas. On bâtit ensuite doublure et étoffe en suivant le patron et en ayant soin que les deux étoffes soient exactement dans le même sens.

Lorsque chaque morceau qui compose le corsage est doublé, on assemble avec des épingles :

1° Les pinces, juste au fil qui les indique, en commençant par le haut ;

2° Le petit côté à la ligne courbe du dos commençant à l'entournure ; cette ligne doit être flottante sur le petit côté ;

3° Le dos et le devant du corsage; les entournures doivent être épinglées juste ;

4° Réunir la couture de l'épaule, de façon que l'encolure du demi-devant excède l'encolure du demi-dos de 1 centimètre. Le dos étant plus biaisé que le devant, l'étoffe doit être flottante lorsqu'on épingle la couture.

Nous ne saurions trop recommander à nos élèves de bâtir à petits points ; sans cette précaution, lorsqu'on essaye la robe ou le vêtement, les points s'entr'ouvrent et la robe, lorsqu'elle est cousue, se trouve trop étroite, ce qui nécessite des retouches désagréables pour la personne et du temps perdu pour l'ouvrière.

IX

VÊTEMENTS DIVERS

ROBE A BASQUE

Pour confectionner le patron d'une robe à basque, nous prenons le même nombre de mesures variables que pour la robe ordinaire ; la seule différence est qu'on prenant la longueur de la taille, dont on inscrit le nombre, nous convenons de combien sera la longueur de la basque ; de même pour la longueur du dos et du dessous du bras ; on inscrit le nombre que donnent ces deux mesures, et l'on ajoute à chacune le nombre convenu. Le total obtenu donne la hauteur du rectangle.

Après avoir vérifié les mesures, nous ajoutons aux trois mesures suivantes un nombre voulu de centimètres complémentaires que nous renfermons dans une parenthèse :

Tour de la taille ($+$ 2 à A et 4 à B).

Largeur du dos ($+$ 1 à A).

Mesure justificative ($+$ 7 à B).

La parenthèse nous indique que le nombre qu'elle renferme ne se divise pas et s'emploie après avoir tracé le rectangle à l'aide d'une fraction de la mesure qui précède le nombre contenu dans la parenthèse. Les angles sont marqués par A B C D ; les lettres A B sont contenues dans la parenthèse ainsi que le nombre de centimètres qui donne de l'ampleur aux hanches ; ces lettres indiquent que le nombre et la lettre seront portés au rectangle, de A vers la gauche, de B vers la droite, et deviendront A'B', puisqu'elles sont parallèles à A B.

Nota. — Lorsque le rectangle du dos de la robe est tracé, de C' vers D, nous portons 10 centimètres (*mesure complémentaire*), et pour fillettes, les deux tiers des mesures contenues dans les parenthèses.

1° Tracé du demi-devant de la robe à basque.

Pour former le rectangle du demi-devant, porter verticalement la longueur de la taille, plus le nombre de centimètres que l'on veut donner à la basque : le total donne la hauteur du rectangle ; pour la largeur du rectangle, le tiers de la mesure justificative moins 1 centimètre, si la mesure justificative est inférieure à 1 mètre ; égale ou supérieure à 1 mètre, le tiers moins 2 centimètres. Les angles du rectangle sont indiqués par A B C D. De B vers la droite, porter 7 centimètres (*mesure complémentaire*) ; tracer une parallèle à A B, marquer A' B'.

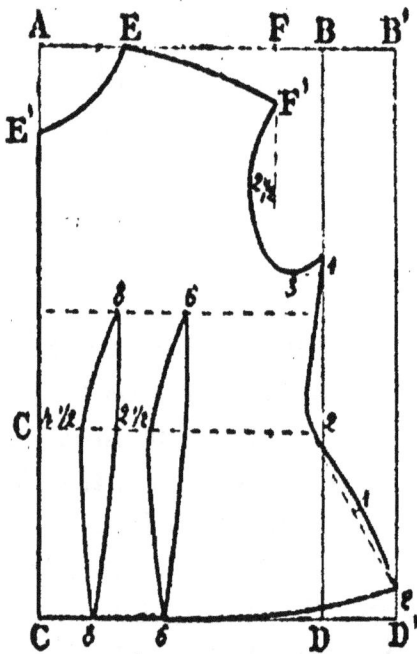

Pour le tracé de l'encolure, du biais de l'épaule, de l'entournure, et pour l'emploi des mesures complémentaires contenues dans le rectangle, voir au chapitre VI, page 20.

Après avoir tracé l'entournure, du point 1, entournure, porter vers D la longueur du dessous du bras, l'indiquer par un point ; de ce point entrer de 2 centimètres dans le rectangle et tracer une ligne ponctuée parallèle à A B, marquer C'.

De D' vers B', porter 2 centimètres, et réunir par une ligne ponctuée le 2, ceinture, au 2, ligne B' D'; au milieu de cette ligne, élever vers la droite 1 centimètre, et réunir le 1, entournure, à 5 millimètres au-dessus du point 2, ceinture, par une ligne oblique, et terminer au 2, ligne B' D,' par une légère courbe passant au point 1; réunir le 2 de la ligne D' à la ligne C par une ligne légèrement courbe d'environ 8 ou 10 centimètres.

2° Tracé du demi-dos de la robe à basque.

Pour la hauteur du rectangle, porter verticalement la longueur du dos, plus le nombre de centimètres que l'on veut donner à la basque, et pour la largeur du rectangle, la demi-largeur du dos. Les angles du rectangle sont indiqués par A B C D.

De A vers la gauche, porter 1 centimètre; tracer une parallèle à AC, et marquer A'C'.

De A porter vers C la longueur du dos, l'indiquer par un point; de ce point porter vers la droite 2 centimètres (et 1 centimètre 1/2 pour fillette), et réunir à A par une ligne oblique; du point 2, ceinture, porter vers la droite 3 centimètres, si le tour de la taille est inférieur à 68 centimètres; s'il est

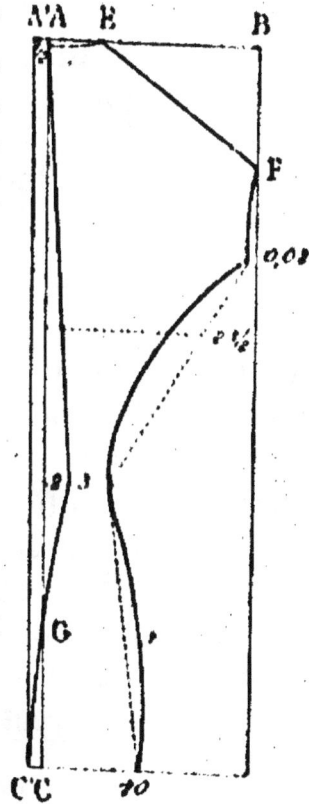

égal ou supérieur à 65, du point 2, ceinture, porter vers la droite 4 centimètres.

Pour tracer l'encolure, le biais de l'épaule, l'entournure et la ligne courbe du dos, voir au chapitre VI, page 20.

Du point 2, ceinture, à C', partager en deux cette ligne, porter G, puis réunir le point 2 à l'angle C' par une légère courbe passant par le point G; de C' vers D, porter 10 centimètres ; réunir le 3, ceinture, au 10, par une ligne ponctuée; au milieu de cette ligne porter vers la droite 1 centimètre (le nombre 10 est porté à 11, lorsque le tour de la taille est égal ou supérieur à 70 centimètres).

La ligne courbe du dos commence au point 2 millimètres, entournure, passe au point 2 1/2, puis au point 3, ceinture, au point 1, et se termine au point 10, ligne C D.

(Les nombres 8 et 10, *mesures complémentaires*, s'emploient aux deux tiers pour la taille de fillette.)

3) Tracé du petit côté ou complément du dos.

Pour la hauteur du rectangle, prendre la longueur du dessous du bras plus 3 centimètres (pour l'entournure), plus le nombre de centimètres que l'on veut donner à la basque.

La largeur du rectangle est égale au quart du tour de la taille, moins 4 centimètres (et moins 5 centimètres, si le tour de la taille est égal ou supérieur à 65 centimètres).

Les angles du rectangle sont indiqués par A B C D.

De A vers la gauche porter 2 centimètres, tracer une ligne verticale, puis marquer A' C'; de B vers la droite, porter 4 centimètres, tracer une ligne verticale, ensuite indiquer B' D'. Ces deux nombres de centimètres donnent de l'ampleur au bas de la basque.

Pour tracer l'entournure, de B vers A, porter 2 centimètres; de B vers D, porter 3 centimètres, et réunir le point 2 au point 3 par une légère courbe; du point 3, porter vers D la longueur du dessous du bras, l'indiquer par un point; de ce point entrer de 2 centimètres dans le rectangle et tracer une ligne ponctuée qui se termine ligne AC; de cette ligne vers A porter 2 centimètres; réunir par une ligne oblique le point 3 à 5 millimètres au-dessus du point 2, ceinture; de D' vers B' porter 2 centimètres, ensuite réunir par une ligne ponctuée le point 5 au point 2; au milieu de cette ligne élever, vers la droite, 1 centimètre; réunir par une légère courbe les 5 millimètres au point 2 de la ligne D' B' en passant au point 1.

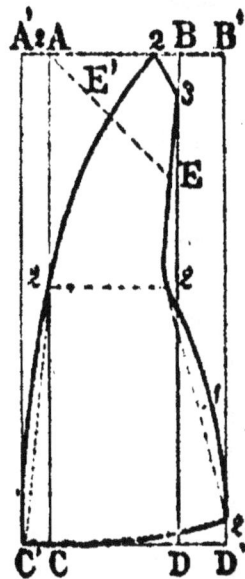

Pour préciser la ligne courbe, de B vers D, porter la largeur du rectangle, marquer E, et réunir A à E par une diagonale ponctuée; de A vers E, porter la moitié de la largeur du rectangle plus 1 centimètre, marquer E', puis réunir par une courbe le point 2, entournure, au point 2, ligne A C, en passant à E' ; réunir C' à la ligne ponctuée, ligne A C, par une ligne ponctuée ; au milieu de cette ligne, élever 1/2 centimètre vers la gauche, réunir par une légère courbe partant de la ligne ponctuée à C' en passant au 1/2 centimètre, puis réunir le 2 de la ligne D' B' par une légère courbe à la ligne C.

DEMI-DEVANT DU CORSAGE A BASQUE
avec trois pinces.

Les trois pinces, dont la distance de la ligne AC,

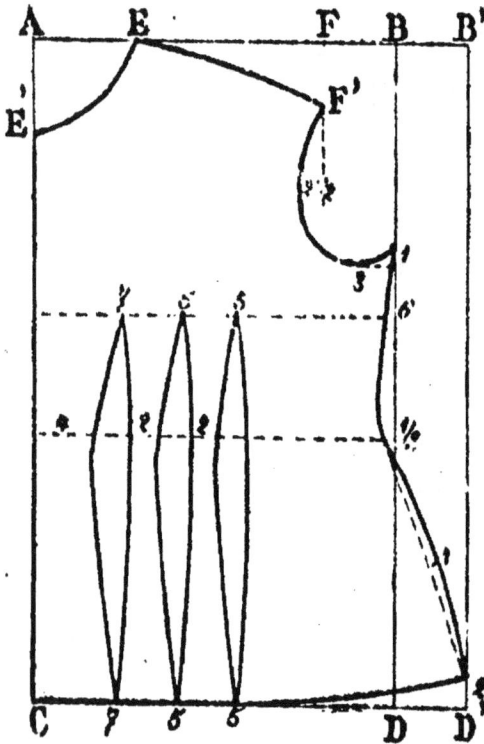

sur la ligne ponctuée, est portée à 7, 5, puis à 5 centimètres, s'emploient souvent, lorsque la mesure justificative est égale ou supérieure à 98 centimètres.

Pour le tracé de l'encolure, du biais de l'épaule et de l'entournure, voir au chapitre VI, page 20.

Pour le contenu des pinces, de C', sur la ligne ponctuée, porter le quart du tour de la taille plus 3 centimètres ; indiquer le nombre obtenu par un point ; puis mesurer le reste de la ligne C′ jusqu'au demi-centimètre, et diviser en trois le nombre obtenu pour chaque pince.

DEMI-DEVANT DU CORSAGE A BASQUE
avec deux pinces et une contre-pince.

La largeur du rectangle est égale au tiers de la mesure ' justificative moins 1 centimètre ; au nombre obtenu, on porte 4 centimètres, si la mesure justificative est égale ou inférieure à 98 centimètres (lorsque la mesure justificative est supérieure à 98, on ajoute 6 ou 7 centimètres et même 8 pour le contenu de la contre-pince).

Les angles du rectangle sont indiqués par A B C D.

De B vers la droite, porter 7 centimètres ; marquer B′ D′.

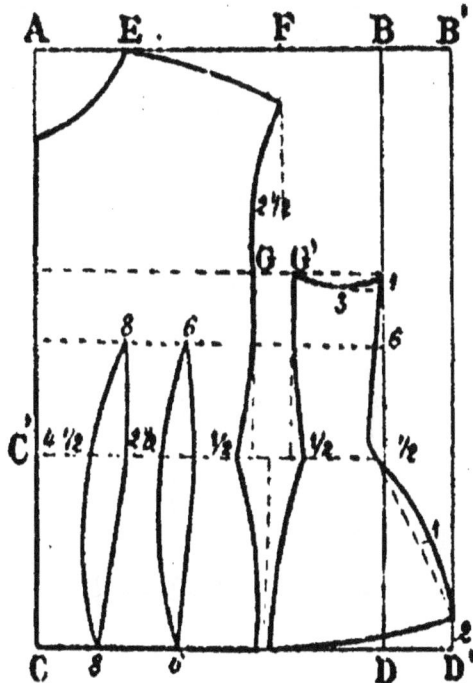

Nota. — La contre-pince se porte généralement à tout demi-devant, soit de robe à basque ou de robe princesse, quel que soit le nombre de centimètres que donne la mesure justificative.

Pour le tracé de l'encolure, du biais de l'épaule, de l'entournure et de la contre-pince, voir au chapitre VIII, page 44.

DEMI-DEVANT DU CORSAGE A BASQUE
avec une seule pince.

Nota.— Si on le désire, on peut ajouter une contre-pince au demi-devant du corsage, quel que soit le nombre de centimètres que donne la mesure justificative.

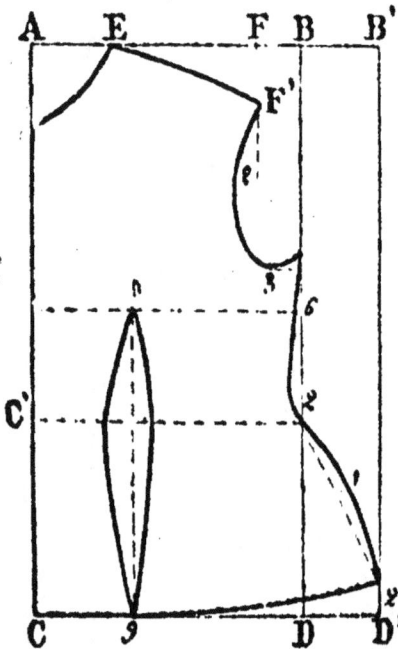

Pour connaître le contenu de cette pince, de C′ vers la droite, porter le quart du tour de la taille plus 3 centimètres; l'indiquer par un point, et de ce point mesurer le reste de la ligne C′ jusqu'au point 1 1/2 de la ceinture, puis porter la moitié de ce nombre de chaque côté de la ligne perpendiculaire ponctuée sur la ligne C′.

Pour l'encolure, le biais de l'épaule, l'entournure et le tracé de la pince, voir pages 20 et 22.

PEIGNOIR OU ROBE PRINCESSE POUR FEMME

Le tracé d'un peignoir consiste dans le patron :
1° Du demi-devant,
2° Du demi-dos,
3° Du petit côté ou complément du dos,
4° De la manche.

Pour l'exécution de ces patrons, on prend les mesures variables, excepté la longueur de la jupe, qui se trouve comprise entre les trois mesures, que l'on prend de la manière suivante:

1. La longueur de la taille, en portant le mètre de l'épaule, encolure, passant à la ceinture jusqu'au bas de la robe, et ajoutant 5 centimètres;

2. La longueur du dessous du bras: inscrire le nombre obtenu; puis porter le mètre jusqu'au bas de la robe, plus 5 centimètres.

3. Inscrire le nombre que donne la longueur du dos, et porter le mètre jusqu'au bas de la robe, plus 5 centimètres;

Le total de chacune de ces mesures donnera la hauteur des trois rectangles.

La hauteur de chaque rectangle étant connue, il faut en fixer les différentes largeurs. Pour cela, on doit préalablement convenir du métrage que l'on veut donner dans le bas de la robe. Pour une robe sans garniture, cela varie de 2ᵐ,90 à 3 mètres.

En décidant, par exemple, de donner 2ᵐ,90 de tour dans le bas de la robe, il restera 1ᵐ,45, qui se répartiront entre les trois rectangles de la jupe, où seront dessinés les patrons du demi-devant, du demi-dos et du petit côté.

1° Tracé du demi-devant de la robe.

Pour avoir la hauteur du rectangle du demi-devant, on prend la hauteur de la personne, de l'épaule (encolure) au bas de la jupe plus 5. Ce total obtenu donne la hauteur du rectangle; et pour la largeur du rectangle, on prend 56 centimètres.

Les angles du rectangle sont indiqués par A B C D.

De A vers B, porter le tiers de la mesure justificative plus 4 centimètres et tracer une parallèle à B D, marquer B' D' (les 4 centimètres ajoutés au tiers de la mesure justificative seront employés à la confection d'une contre-pince dont le contenu sera de 5 centimètres).

Pour l'encolure, de A vers B', porter le tiers de la grosseur du poignet plus 1 centimètre, marquer E; de A vers C, porter la moitié de la grosseur du poignet, marquer E', et réunir E à E' par une ligne courbe.

Pour le tracé de l'épaule, de A vers B, porter la demi-largeur des épaules, l'indiquer par F; de F porter verticalement le tiers de la grosseur du poignet, si la mesure justificative est inférieure à 85; égale ou supérieure à 85, le tiers plus 1 centimètre; porter F', puis réunir F' à E par une légère courbe.

Pour le tracé de l'entournure, du point F', porter verticalement la grosseur du poignet plus 1 centi-

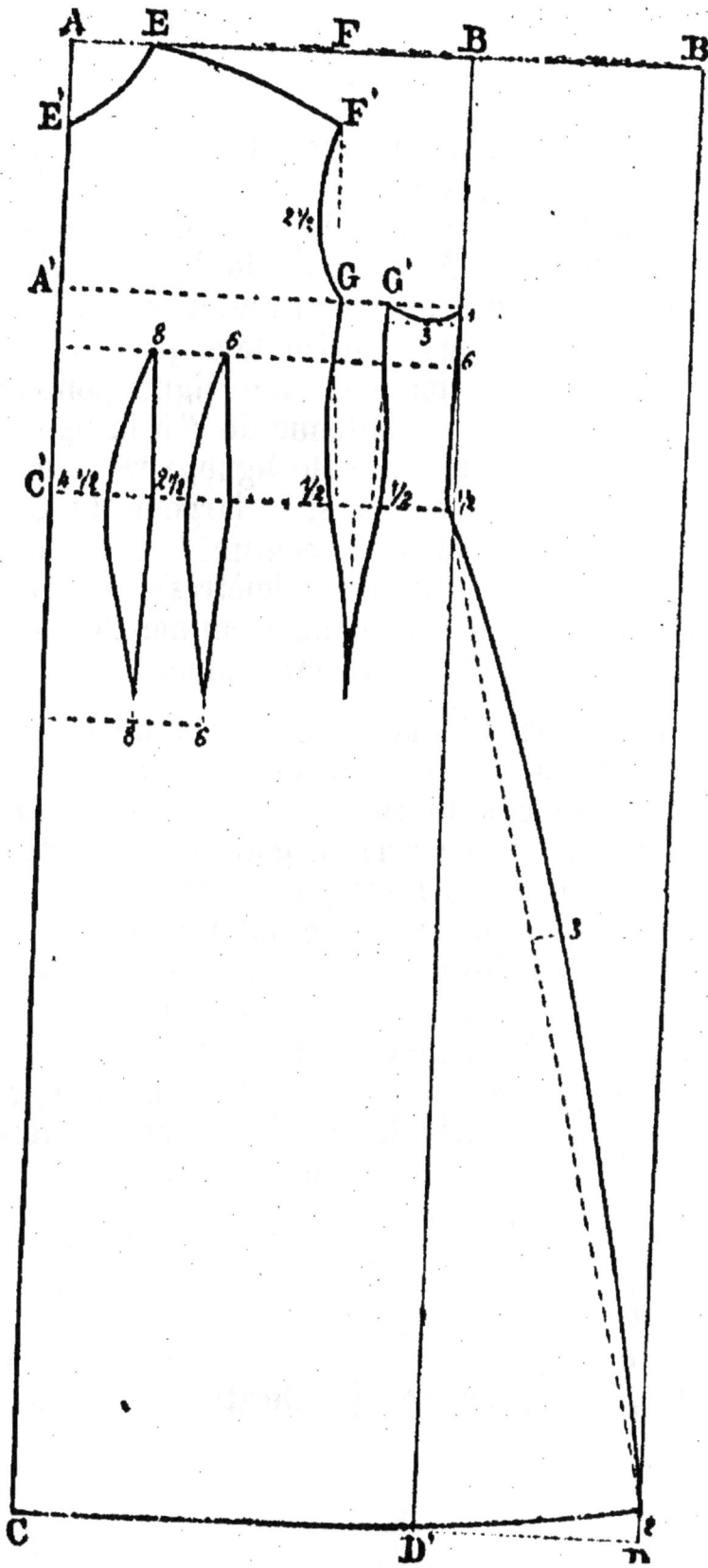

mètre, et reporter le nombre obtenu par une ligne horizontale qui se termine ligne B′ D′ ; de la ligne B′ D′, porter sur la ligne horizontale 3 centimètres (et 2 1/2 pour la fillette) ; de la ligne horizontale vers B′, porter 1 centimètre et réunir le 1 de l'entournure au 3 de la ligne horizontale par une légère courbe ; de F′, porter par une ligne ponctuée la moitié de la distance contenue de F′ à la ligne horizontale, à l'extrémité de cette ligne, vers la gauche, porter 2 centimètres 1/2, si la largeur du dos est égale ou supérieure à 37 centimètres (au-dessous de 37, ne porter que 2 centimètres) ; réunir F′ à 2 1/2 par une courbe, et ne terminer l'entournure qu'après avoir indiqué la contre-pince.

Pour le tracé de la ligne courbe de la hanche, du point 1, entournure, porter verticalement la longueur du dessous du bras, l'indiquer par un point ; de ce point, porter vers la gauche un demi-centimètre et tracer une ligne ponctuée parallèle à C D, marquer C′ ; réunir par une oblique le point 1, entournure, à 5 millimètres au-dessus de la ligne ponctuée C C′, et par une ligne ponctuée, les 5 millimètres aux 2 centimètres, ligne D B ; au milieu de cette ligne élever vers la droite 3 centimètres, réunir par une légère courbe les 5 millimètres, ceinture, au 2 de la ligne D B en passant au point 3.

Pour le tracé de la contre-pince, du sommet du point 1, entournure, tracer une ligne ponctuée parallèle à A B, marquer A′ ; de A′, vers la droite, porter le quart de la mesure justificative plus 1 centimètre, si la mesure justificative est égale ou supérieure à 1 mètre (au-dessous de 1 mètre ne porter que le quart de la mesure justificative), marquer G; de G, porter vers la droite 4 centimètres, marquer G'; pour terminer l'entournure, réunir le 2 1/2 à G par une légère courbe, G' au point 3 (ou 2 1/2), de la ligne horizontale par une légère courbe, et par une ligne ponctuée verticale, G et G' à la ligne ponctuée C'. Pour indiquer le sommet des pinces, du point 1, entournure, porter verticalement 6 centimètres; du point 6, tracer une ligne ponctuée parallèle à A B; de la ligne AC, sur la ligne ponctuée, porter 8 centimètres pour la première pince; du point 8, porter 6 centimètres pour la deuxième pince; de C' vers D, porter 4 centimètres 1/2, et réunir le point 8 à 4 1/2 par une oblique. Pour prolonger les pinces, de C', porter verticalement l'espace contenu du sommet de la pince à C' plus 6 ou 8 centimètres, et de la ligne A C, porter vers la droite 8 et 6. C'est à ces nombres que les pinces se terminent à zéro.

Pour terminer la contre-pince, à gauche de la ligne G, ligne C', porter un demi-centimètre; de la ligne G', ligne C', porter vers la droite un demi-centimètre; sur la ligne C', indiquer la moitié de la distance contenue entre les lignes ponctuées G et G' par une ligne ponctuée verticale égale à la distance où les pinces sont terminées à zéro à l'extrémité de la ligne ponctuée. Pour terminer les pinces, de C' vers la droite, porter le quart du tour de la taille plus 3 centimètres, l'indiquer par un point; de ce point mesurer le reste de la ligne C' jusqu'à la ligne G, puis de la ligne G' jusqu'au demi-

4

centimètre. Le total de ces deux nombres divisé en deux donne le contenu de chacune des deux pinces : soit entre chaque pince, 2 centimètres 1/2.

2° Tracé du demi-dos.

La hauteur du rectangle est égale au nombre de centimètres obtenu, de l'épaule, encolure, au bas de la robe, plus 5 centimètres, et pour la largeur du rectangle, 60 centimètres. De B vers A, porter le quart de la largeur donnée au rectangle moins 2 centimètres, marquer B' ; tracer une ligne verticale, et de B', porter vers A la demi-largeur du dos, l'indiquer par A' ; de A', tracer une ligne verticale, égale à la longueur du dos, l'indiquer par un point ; prolonger cette ligne du tiers de la longueur du dos, marquer C' (ce qui allonge la taille); de C', porter vers la gauche 1 centimètre ; du point qui indique la longueur du dos, porter vers la droite 2 centimètres, et réunir à A' par une oblique ; réunir 2 et 1 par une légère courbe vers la gauche ; du point 2, ligne oblique, porter vers la droite 3 centimètres, si le tour de la taille est inférieur à 65 centimètres (égal ou supérieur à 65, porter 4 centimètres); du point C' porter vers la droite 8 centimètres, puis réunir au 3, ceinture, par une légère courbe vers la droite.

Pour tracer l'encolure, le biais de l'épaule, l'entournure, la ligne horizontale et la ligne oblique qui facilitent le tracé de la ligne courbe où vient se

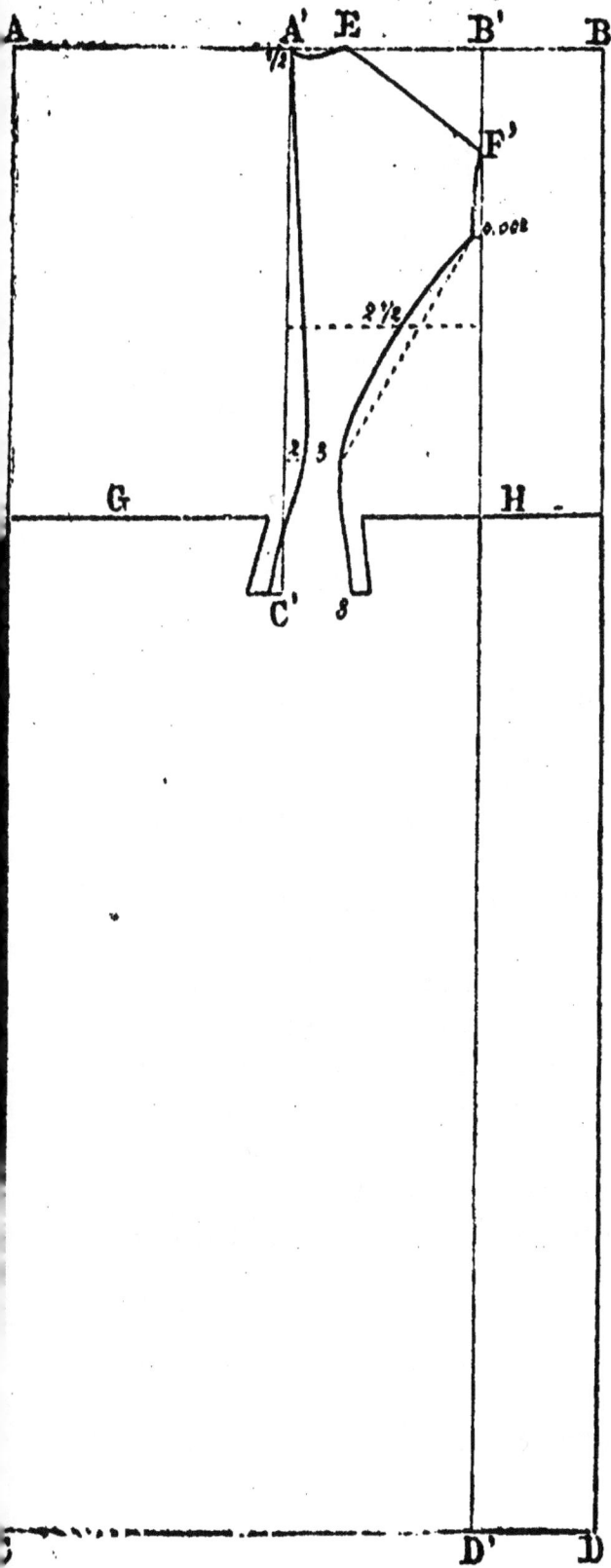

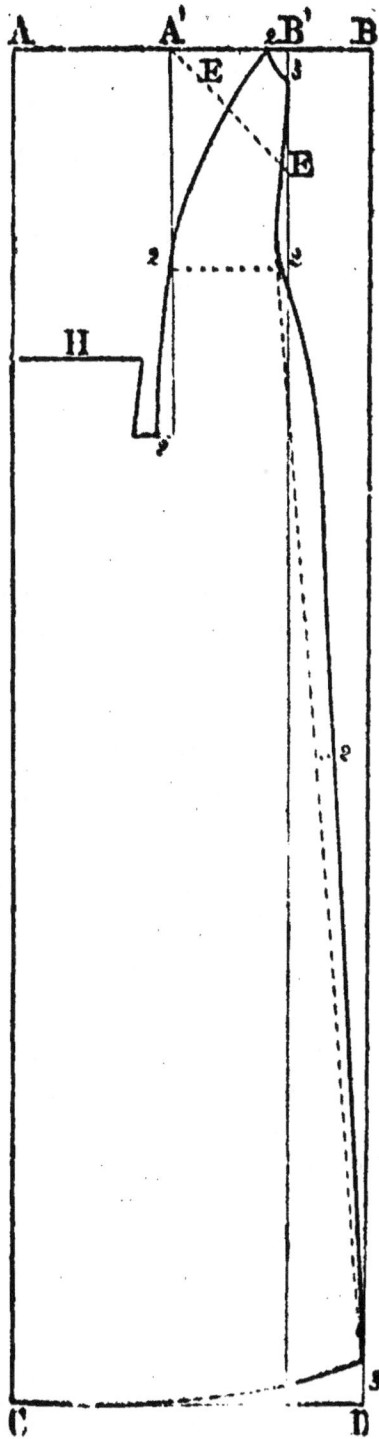

A A' E B' B

F'

0.008

2½

2 3

G H

C' 8

C D' D

A A' B' B

E

E

2 2

H

2

2

C' D

réunir le petit côté qui complète le dos, voir au chap. VI, p. 20.

Les lignes G et H indiquent l'étoffe nécessaire aux plis de la jupe.

L'espace qui paraît détacher le patron des lignes G et H est d'environ 2 centimètres ; cet espace indique l'étoffe qui doit excéder le patron pour les coutures.

3° Tracé du petit côté ou complément du dos.

La hauteur du rectangle est égale à la 3ᵐᵉ mesure, longueur du dessous du bras, prise de l'entournure au bas de la robe, plus 5 centimètres, et l'on fixe la largeur du rectangle à 30 centimètres. (Voir le dessin, p. 49.)

Les angles du rectangle sont indiqués par A B C D.

De B vers A', porter le quart de la largeur donnée au rectangle, l'indiquer par une ligne verticale et marquer B' D'; de B' vers A, porter le quart du tour de la taille moins 4 centimètres, si le tour de la taille est inférieur à 65 centimètres (égal ou supérieur à 65 , le quart du tour de la taille moins 5 centimètres); au nombre obtenu tracer une ligne verticale égale à la longueur du dessous du bras plus 3 centimètres, plus le tiers de la longueur du dos (ce qui correspond à la longueur de la basque du demi-dos), marquer A' C', et de C', vers la gauche, porter 2 centimètres.

Pour tracer l'entournure, de B vers D, porter

3 centimètres; de B' vers A', porter 2 centimètres,
et réunir 2 à 3 par une légère courbe; du point 3,
porter verticalement la longueur du dessous du
bras, et vers la gauche 2 centimètres, puis tracer une
ligne ponctuée qui se termine ligne A' C'; de la
ligne ponctuée vers A', porter 2 centimètres, et réunir
le 3, entournure, à 5 millimètres au-dessus du point
2, ceinture, par une oblique.

Pour le tracé de la ligne courbe, de D vers B, porter 3 centimètres ; réunir par une ligne ponctuée les
5 millimètres, ceinture, au 2 de la ligne D B; au
milieu de cette ligne élever, vers la droite, 2 centimètres, puis réunir par une légère courbe les 5
millimètres, ceinture, au 2, ligne D B, en passant au
point 2.

Pour le tracé de la ligne courbe qui se réunit au
demi-dos, le nombre de centimètres contenu de B'
à A' sera reporté de B' vers D'; l'indiquer par E, et
réunir, par une ligne ponctuée, A' à E ; de A' vers
E, porter la moitié de la largeur du rectangle plus
1 centimètre, marquer E' ; ensuite réunir par une
ligne courbe le point 2, entournure, au 2 de la ligne
A' C', en passant à E', et la ligne ponctuée au 2 de
la ligne C' par une oblique.

La ligne H indique l'étoffe pour les plis de la jupe.

Manche demi-ajustée au bras.

Trois mesures sont nécessaires :

1° La longueur extérieure du bras (le bras est ployé); le ruban métrique se place au sommet de la manche, passe au coude et se termine à l'os du poignet ;

2° La longueur intérieure; placer le mètre à l'entournure, puis à la couture intérieure de la manche jusqu'au poignet ;

3° La grosseur du bras est obtenue en entourant le bras avec le ruban métrique, au-dessous de l'entournure.

La hauteur du rectangle, pour le tracé de la demi-manche, est égale à la longueur extérieure du bras, la largeur du rectangle est égale aux deux tiers de la grosseur du bras.

Les angles du rectangle sont indiqués par A B C D.

De A vers B, porter le quart de la largeur donnée au rectangle, marquer A′ ; de A′, porter une ligne ponctuée qui se termine ligne C D ; de A′, porter verticalement le 8me de la longueur extérieure du bras plus 2 centimètres, marquer E ; de B vers D, porter 2 centimètres; de B vers A′, porter 6 centimètres; réunir 2 à E en passant au point 6; de E, porter sur la ligne ponctuée la longueur intérieure du bras en la reportant à la ligne A C, marquer C'; diviser en deux cette ligne, marquer E'; de E', porter vers la droite 2 centimètres, et tracer une ligne horizontale, ligne B D; de la ligne horizontale vers D, porter 2 centimètres; de C vers D, porter le tiers de la largeur du rectangle plus 2 centimètres, marquer D', puis réunir C' à D' par une oblique et le 2 de la ligne B D à D' par une ligne ponctuée; au milieu de cette ligne, porter vers la droite 1 centimètre; réunir par une ligne courbe le 2 de la ligne B D à D' en passant au point 1, et E au 2 E' par une ligne ponctuée; au milieu de cette ligne, porter vers la droite 1/2 centimètre; de E', tracer une ligne ponctuée à C'; au milieu de cette ligne, porter vers la droite 1 centimètre; réunir E à E' en passant au 1/2 centimètre, et E' à C' en passant au point 1; réunir le 2 à E par une ligne ponctuée; au milieu de cette ligne, abaisser 1/2 centimètre (la ligne courbe passant au 1/2 centimètre indique le dessous de la manche.)

CAMISOLE DU MATIN OU CARACO

Les patrons d'une camisole du matin ou d'un caraco consistent dans le tracé :
1° Du devant,
2° Du dos,
3° De la manche.

1° Tracé du demi-devant.

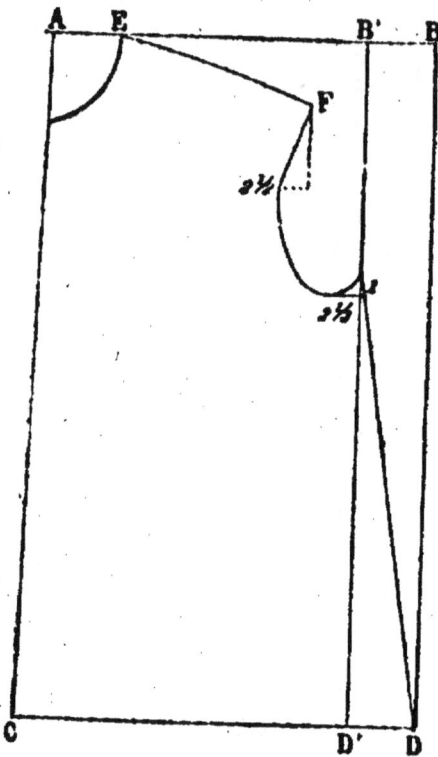

Hauteur du rectangle : la longueur convenue.

Largeur du rectangle : le tiers de la mesure justificative. Les angles du rectangle sont indiqués par A B C D. De B vers la droite, porter 7 centimètres (et 5 pour fillette), tracer une ligne parallèle à BD, et marquer B'D'.

Pour tracer l'encolure, le biais de l'épaule et l'entournure, voir au chapitre VI, page 20; ensuite, du point 1, entournure, tracer une ligne oblique en D'.

2° Tracé du demi-dos.

Hauteur du rectangle : la longueur convenue.

Largeur du rectangle : le tiers de la mesure justificative moins 5 centimètres (et pour fillette, moins 3 centimètres).

Marquer A B C D.

De A vers B, porter la moitié de la largeur du dos, l'indiquer par une ligne verticale B′D′.

Pour l'encolure, le biais de l'épaule, voir chapitre VI, p. 20.

Pour l'entournure, du point F, biais de l'épaule, porter verticalement la moitié de la grosseur du poignet plus 3, et l'indiquer par un point; de ce point porter vers la droite 3 centimètres (et 2 pour fillette); du point F, tracer une légère courbe qui se termine au point 3 (ou 2) et du point 3 (ou 2) tracer une ligne oblique en D.

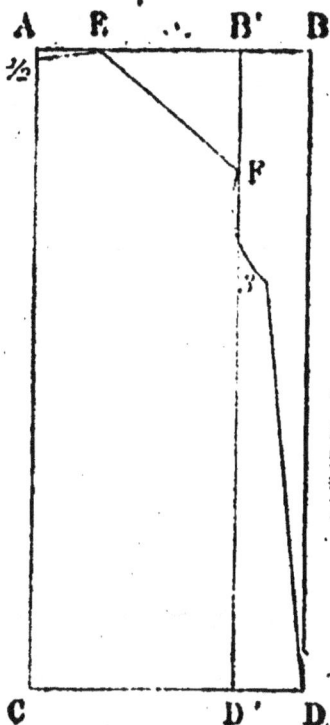

3° Tracé de la manche.

Voir la robe ordinaire, chapitre VI, page 25 et page 84, pour la manche à poignet.

PÈLERINE

Les mesures variables à employer pour le tracé d'une pèlerine sont :

1° La longueur du dos, ou plus si la pèlerine doit dépasser la taille;

2° La mesure justificative;
3° La grosseur du poignet.
Le patron de la pèlerine se trace dans un carré;
pour le former, le huitième plus 3 centimètres de la mesure justificative est ajouté à la longueur que l'on veut donner à la pèlerine, et le total obtenu donne la hauteur du carré.

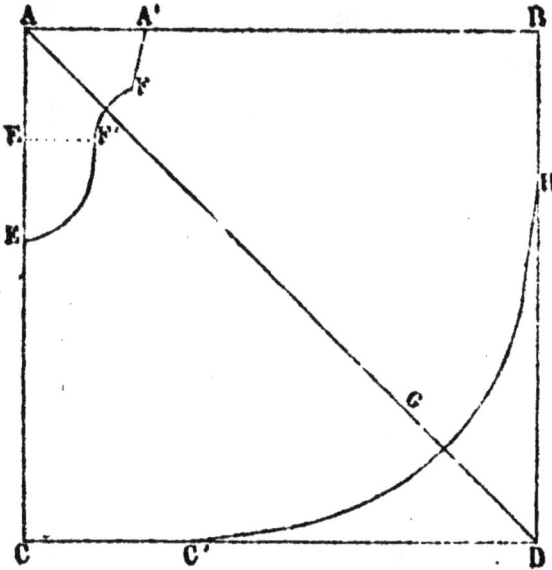

Marquer A B C D aux angles.

Pour l'encolure, de A vers B, porter le huitième (*mesure complémentaire*) plus 3 de la mesure justificative; l'indiquer par A'; de A porter de même, vers C, le huitième plus 3, l'indiquer par E; de A' porter verticalement le tiers de la grosseur du poignet; marquer F, et réunir A' à F par un trait.

Du point E, ligne A C, porter vers la droite la moitié de la grosseur du poignet, l'indiquer par F'; du point E, porter verticalement la moitié de la grosseur du poignet moins 1 centimètre, marquer E', et réunir à F' par une ligne concave par rapport à la ligne A C, puis réunir F à F' par une ligne convexe par rapport à A (espace qui forme la pince de l'épaule); mener la diagonale A D; sur cette diago-

nale, de D vers A, porter le quart de la longueur du
carré, marquer G ; de D vers C, porter le tiers moins
3 de la ligne C D, marquer C' ; de D vers B' porter
les trois quarts de la ligne DB ; marquer II ; du point
II, tracer une ligne concave par rapport à A, en passant au point G, et terminer à C'.

Nota. — La ligne A' B indique le milieu du dos.
Cette ligne sera posée au fil droit de l'étoffe, sens de
la trame.

CORSAGE DÉCOLLETÉ A BASQUE

Pour confectionner un corsage décolleté, on prend
le même nombre de mesures variables que pour la
robe montante.

Remarque. — Lorsque nous prenons la 6e mesure
variable, largeur du dos, nous devons compter 2 centimètres de moins, lorsque les épaules descendent
un peu sur le bras ; si l'épaule de la robe est courte,
nous pouvons la prendre juste.

La largeur des épaules prise par devant ne doit
avoir que 6 centimètres de plus que la largeur du
dos.

Nota. — En supprimant le tracé des basques de
ce patron, on peut en faire un tablier décolleté pour
fillette.

Rectangle du devant.

Pour la hauteur du rectangle on prend la longueur de la taille, plus le nombre de centimètres
que l'on désire donner à la basque, et pour la largeur

du rectangle le tiers de la mesure justificative moins 2 centimètres.

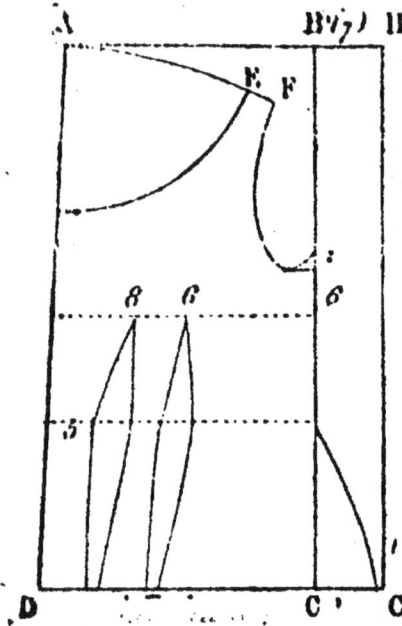

Les angles du rectangle sont indiqués par A B C D.

De B vers la droite, porter 5 centimètres, tracer une ligne verticale, marquer B' D'; de A vers B, porter la demi-largeur des épaules, indiquer F; du point F, porter verticalement le tiers de la grosseur du poignet, F', et réunir F' à A par une légère courbe; de F', porter vers A le nombre de centimètres que l'on veut donner à la couture de l'épaule, E; de A vers C, porter une fois et demie la grosseur du poignet, marquer E', puis réunir E à E' par une légère courbe concave par rapport à A B.

Pour le tracé de l'entournure et l'emploi des mesures complémentaires indiquées par des chiffres, voir au chapitre VI, p. 20.

Rectangle du dos.

Pour la hauteur du rectangle, prendre la longueur du dos, plus le nombre de centimètres que l'on désire donner à la basque, et pour la largeur du rectangle, la demi-longueur du dos.

Pour l'emploi des mesures complémentaires contenues dans le rectangle et représentées par des chiffres, voir chapitre VI, p. 20.

De A, porter vers B le tiers de la grosseur du poignet, indiquer E.

Pour le biais de l'épaule, de B vers D, porter les deux tiers de la grosseur du poignet, moins 1 centimètre, marquer F; réunir F à E par une oblique; de F vers E, porter le nombre de centimètres que l'on veut donner à la petite épaule et l'indiquer par F; de A vers C, porter la grosseur du poignet plus 4 centimètres; réunir F à F' par une légère courbe.

La ligne oblique partant du point 2, ceinture, doit se terminer au point E de la ligne A C.

Pour l'entournure, du point F, biais de l'épaule, porter vers D la moitié de la grosseur du poignet, l'indiquer par un point; de ce point, porter vers la droite 1/2 centimètre et réunir au point F par une légère courbe.

Remarque. — Au point qui indique l'entournure nous avons porté à droite 1/2 centimètre, pour éviter que l'entournure, à la réunion du petit côté, ne soit trop étroite, puisque la largeur du dos a été portée au-dessous du nombre de centimètres que l'on aurait donné pour le corsage montant.

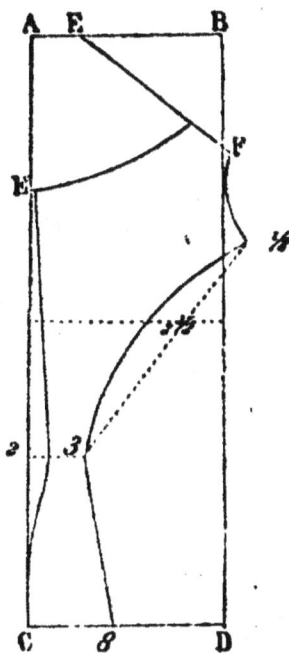

X

TRANSPOSITION DES MESURES VARIABLES

pour obtenir que la couture des épaules soit rejetée en arrière.

Les mesures variables sont aussi au nombre de deux :

1° La largeur des épaules, prise par devant, au lieu d'avoir 7 centimètres, doit avoir 11 centimètres de plus que la largeur du dos, qui ne doit jamais être changée ;

2° L'emploi de la grosseur du poignet change pour le biais de l'épaule et l'entournure du devant.

Le changement a lieu aussi pour le biais donné à la couture de l'épaule et à l'entournure du dos.

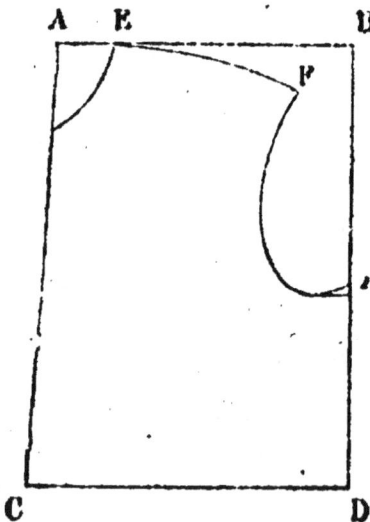

Au demi-devant, après avoir par F indiqué la demi-largeur des épaules, porter verticalement le tiers de la grosseur du poignet, moins 2 centimètres, et marquer F'.

Pour tracer l'entournure, de F', porter verticalement la grosseur du poignet plus 3 centimètres.

Au rectangle du demi-dos, encolure, de A vers B, porter le tiers du poignet, marquer E.

Pour le biais de l'épaule, de B vers D, porter les deux tiers du poignet, plus 2 centimètres, entournure; de F, biais de l'épaule, porter verticalement la moitié du poignet moins 2 centimètres.

Pour l'emploi des mesures complémentaires contenues dans le rectangle et représentées par des chiffres, voir chapitre VI, p. 20.

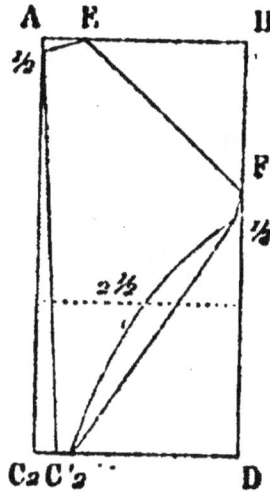

EXPLICATION SOMMAIRE DU DEMI-DOS
ayant deux petits côtés.

1° Tracer le rectangle du demi-dos; 2° au tracé de l'entournure, porter la moitié de la grosseur du poignet, moins 2 centimètres, au nombre obtenu, et vers la droite 2 millimètres.

Pour connaître le nombre de centimètres à indiquer au point 2, ligne oblique, ceinture, il faut diviser par tiers le quart du tour de la taille, plus 2 centimètres, si la mesure justificative est supérieure à 85 (au-dessous, le quart seulement), et porter ce nombre, du point 2, ceinture, vers la droite moins 2 centimètres, marquer G ; du point 1, sur la ligne C D, porter trois fois le nombre contenu, du 2, ceinture, à G, et marquer G'.

Petits côtés.

Du point 2 millimètres, entournure, porter vers la droite 2 centimètres ; tracer une ligne verticale et une horizontale indéfinie.

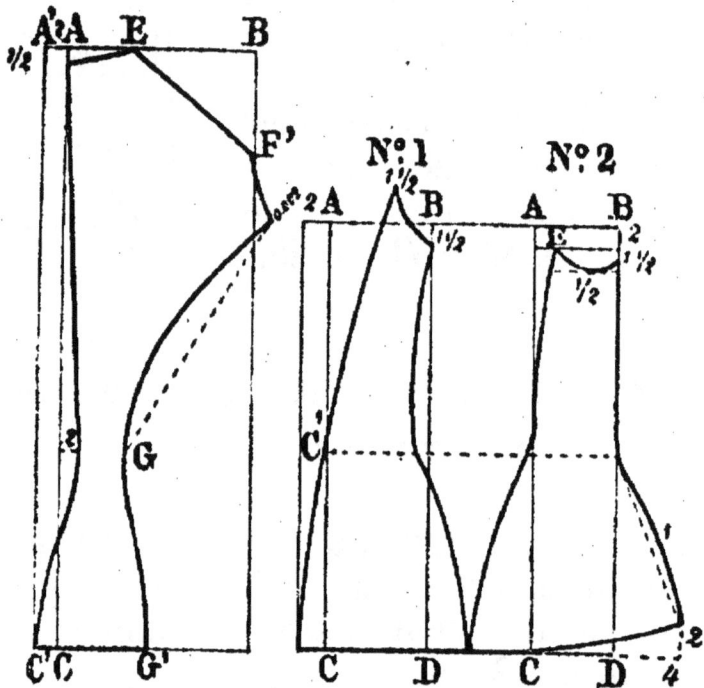

Petit côté n° 1.

Du point 2 sur la ligne horizontale, porter le tiers du nombre trouvé, plus 1 centimètre; prendre le tiers de cette nouvelle mesure et l'ajouter, ce qui achève la largeur du rectangle.

Les angles du rectangle sont indiqués par A B C D.

L'espace entre les deux rectangles est égal au rectangle n° 1. Au nombre obtenu tracer une ligne verticale, marquer A C ; de A, sur la ligne horizontale, porter le tiers du nombre obtenu, plus 1 centimètre, marquer B. L'espace de A à B donne la largeur du rectangle n° 2.

Les angles du rectangle sont indiqués par A B C D.

Tracé de l'entournure (rectangle n° 2).

De B vers D, 2 centimètres, tracer une ligne parallèle à A B ; du point 2, vers la gauche, porter les trois quarts de la largeur donnée au rectangle, marquer E ; du point 2, porter vers D 1 centimètre 1/2, et réunir E à 1 1/2 par une ligne ponctuée ; au milieu de cette ligne ponctuée, porter verticalement un demi-centimètre ; réunir E à 1 1/2 en passant au 1/2 de la ligne ponctuée, et du point 1 1/2, entournure, porter verticalement la longueur du dessous du bras ; tracer une ligne horizontale, qui se termine à la ligne A C, rectangle n° 1, marquer C'. (Suivre le dessin page 62.)

Tracé de l'entournure du petit côté (rectangle n° 1).

De B vers D, porter 1 centimètre 1/2 ; de B vers A, porter le quart de la largeur du rectangle, l'indiquer par un point ; de ce point élever de 1 centimètre 1/2, et réunir ces deux nombres par une oblique ; de la ligne horizontale C', porter la largeur donnée

au rectangle n° 2, marquer E ; réunir le 1 1/2, entournure, à E par une légère courbe, et pour terminer,
suivre exactement le dessin.

Pour connaître la largeur que doit avoir le demi-
devant du corsage, après avoir tracé et découpé le
demi-dos et les petits côtés, les réunir au demi-dos ;
de la ligne A C, à 2 centimètres au-dessous de l'entournure, porter la moitié de la mesure justificative
plus 2 centimètres : le nombre de centimètres excédant le patron donne la largeur du rectangle du
demi-devant du corsage.

Remarque. — Après avoir indiqué l'entournure
du demi-devant du corsage pas une ligne horizontale, il ne faut pas élever de 1 centimètre vers B.
(Voir pages 20 et 36.)

MATINÉE

Remarque. — La largeur des épaules, prise par
devant, doit avoir 0 centimètres de plus que la largeur du dos, l'encolure de ce vêtement étant plus
grande que pour la robe.

Tracé du rectangle dans lequel sera dessiné le demi-devant ayant une contre-pince.

La hauteur du rectangle sera égale à la hauteur
convenue.

La largeur du rectangle, à la moitié de la mesure
justificative.

Les angles du rectangle sont indiqués par A B C D.

Tracé de l'encolure.

De A vers B, porter la moitié de la grosseur du poignet, marquer E.

Pour compléter le dessin, voir au chapitre IX, page 44.

Rectangle du demi-dos.

La hauteur du rectangle est égale à la longueur convenue; la largeur du rectangle est celle de la demi-largeur du dos. Les angles du rectangle sont indiqués par A B C D.

De A vers la gauche porter 1 centimètre, tracer une ligne verticale, marquer A' C'. Pour connaître le nombre de centimètres qui seront contenus de la ligne oblique du 2, ceinture, vers la droite, diviser par tiers le quart du tour de la taille, moins 2 centimètres, et du point 2, ceinture, porter vers la droite le tiers du nombre trouvé moins 1 centimètre, marquer G; de C' vers D, porter trois fois le nombre de centimètres contenu entre le point 2 et le point G, puis marquer G'.

Pour le reste du dessin, voir au chap. IX, page 48.

Petit côté ou complément du dos.

La hauteur du rectangle est égale à la longueur convenue; la largeur du rectangle, aux deux tiers du nombre précédemment obtenu plus 3 centimètres.

Les angles sont indiqués par A B C D.

De A, vers la gauche, porter 3 centimètres ; tracer une ligne verticale, marquer A' C' ; de B, vers la droite, porter 5 centimètres, tracer une ligne verticale, et marquer B' D'.

Pour terminer le dessin, voir chap. IX, page 80.

VÊTEMENT AUSSI LONG QUE LA ROBE

La taille étant prolongée sera terminée par derrière avec une patte, le vêtement restant ouvert, avec un pli à la jonction du petit côté au demi-dos.

Remarque. — La largeur des épaules, prise par devant, doit avoir 9 centimètres de plus que la largeur du dos.

Demi-devant avec une contre-pince.

La hauteur du rectangle est égale à la longueur convenue ; la largeur du rectangle, aux deux tiers de la mesure justificative. Les angles du rectangle sont indiqués par A B C D.

Pour le tracé de l'encolure, de A vers B, porter la moitié de la grosseur du poignet, marquer E.

Pour terminer le dessin, voir au chapitre IX, p. 44.

Demi-dos.

La hauteur du rectangle est égale à la longueur convenue ; la largeur du rectangle, au tiers de la mesure justificative. Les angles du rectangle sont indiqués par A B C D.

De A vers B, porter 4 centimètres, tracer une ligne verticale, marquer A' C'. Pour connaître le nombre de centimètres qui seront portés de la ligne oblique, ceinture, vers la droite, 1° il faut diviser par tiers, le quart du tour de la taille moins 2 centimètres, 2° du point 2 ligne oblique, ceinture, porter vers la droite le tiers du nombre obtenu moins 1 centimètre, marquer C ; de C', porter vers la gauche 1 centimètre ; du point 1, porter vers la droite deux fois et demi le nombre contenu du point 2, ligne oblique, à C, et marquer C'.

Petit côté ou complément du dos.

La hauteur du rectangle est égale à la longueur convenue, et la largeur du rectangle, au tiers de la mesure justificative. Les angles du rectangle sont indiqués par A B C D.

De B vers A, porter le quart de la largeur du rectangle moins 2 centimètres, tracer une ligne verticale et marquer B' D'; de B vers A, porter les deux tiers du nombre trouvé précédemment plus 3 centimètres ; tracer une ligne verticale, ensuite marquer A' C'.

Pour achever le dessin, voir au chapitre IX, page 80.

XI

CHEMISE DE FEMME

Mesures variables.

Ces mesures sont au nombre de trois :
1° La longueur de la chemise: longueur convenue ;
2° La mesure justificative ;
3° La grosseur du poignet.

Le rectangle de la chemise de femme diffère des autres rectangles en ce qu'il contient le devant et le dos de la chemise; pour avoir la largeur du rectangle, il faut prendre deux fois la longueur que doit avoir la chemise.

Tracé du rectangle.

Le patron de la chemise de femme se dessine sur l'étoffe. Pour cela, additionner deux fois la hauteur que l'on veut donner à la chemise, plus 4 centimètres pour l'ourlet, et porter le nombre obtenu sur l'étoffe, dans le sens de la chaîne. Couper l'étoffe et, à chaque extrémité de la lisière, marquer A B. Ensuite, dans le sens de la trame, en partant de la lisière A, porter le tiers de la mesure justificative plus 7 centimètres, et plier l'étoffe à ce nombre, dans le sens de la chaîne. Ce pli donne la ligne C D.

Il arrive que l'excédent dépasse la lisière A B ; on la coupe alors à 1 centimètre au-dessus de la lisière A B. Le rectangle ainsi formé, on le divise en deux parties égales par la ligne A' C', et l'on termine entièrement le dessin avant de tailler la chemise.

1° Tracé des pointes qui donneront de la largeur dans le bas de la chemise.

De C' vers A' porter le quart de la mesure justificative plus 7, marquer F.

De A vers B mesurer la moitié de la longueur de la chemise plus 2, marquer G, et réunir ce point au point F par une ligne oblique.

De A' vers A porter de même la moitié de la longueur de la chemise plus 2, marquer H, et réunir au point F par une ligne oblique.

2º Tracé de l'entournure du devant
de la chemise.

Du point F vers C' mesurer 4 centimètres (*mesure complémentaire*) et porter de F en G la grosseur du poignet plus 4, marquer *m*.
Du point *m* au point 4 mener une ligne courbe.

3º Tracé de l'entournure du dos
de la chemise.

Du point F mesurer de F en H la grosseur du poignet plus 4 centimètres, marquer *n*, et réunir le point *n* au point 4 par une ligne légèrement courbe.

4º Tracé de l'épaule.

Pour former l'épaule, du point 4 vers C' mesurer 3 centimètres et les indiquer par un trait horizontal; c'est là que se trouve la largeur de l'épaule.

5º Échancrure du dos et du devant
de la chemise.

De C' vers D porter 10 centimètres, et de C' vers C mesurer 8 centimètres.
Du point 3 de la ligne A' C' au point 10, ligne C' D, mener une ligne courbe au point 10, ce qui forme l'échancrure du devant de la chemise.
Du point 3 ligne A' C' au point 8 de la ligne C' C

mener une ligne courbe, ce qui forme l'échancrure du dos de la chemise.

Du point 10, ligne C' D, mener vers D 12 centimètres, qui donnent l'ouverture de la chemise où sera cousue une petite bande.

La petite bande qui entoure l'échancrure dos et devant doit avoir en longueur le nombre que donne la mesure justificative plus 0 centimètres ; le nombre obtenu est porté sur la bande qui a été précédemment coupée au-dessus de la ligne A B. Cette bande étant dans le sens de la chaîne, on indique sur le sens de la trame de 4 à 5 centimètres pour la hauteur à donner à la bande.

Tracé du rectangle de la manche.

Pour la hauteur du rectangle, prendre la grosseur du poignet plus 2, et pour la largeur la grosseur du poignet, plus un tiers de ladite mesure.

De B vers D porter 0 *(mesure complémentaire).*

De A vers B mesurer 7 *(mesure complémentaire)* et réunir le point 7 au point 0 par une ligne légèrement courbe, formant le haut de la manche.

De D vers C porter 4 *(mesure complémentaire)* et réunir le point 4 de la ligne C D au point 0 par une ligne oblique, couture de la manche.

La ligne A C indique l'étoffe double.

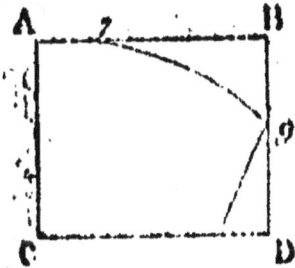

PANTALON DE FEMME

Mesures variables.

La longueur extérieure de la jambe (de la hanche au-dessus du genou);
La mesure justificative;
Le tour de la taille.

Tracé du rectangle du pantalon.

Hauteur du rectangle : la longueur extérieure de la jambe plus 6 centimètres.

La hauteur du rectangle obtenue, marquer A C ; de A vers la droite, porter la moitié de la mesure justificative pour la largeur du rectangle; plier ensuite le papier et marquer ce pli par B D, ce qui indique que l'étoffe sera double; la ligne A C désigne le sens de la chaîne où seront portées les deux lisières de l'étoffe.

De B vers D, porter 8 centimètres ; de B vers A, porter le tiers de la mesure justificative plus 6 centimètres, marquer E ; réunir le point E au point 8 par une ligne courbe légèrement convexe par rapport à A B. (Cette ligne indique le pantalon vu par derrière.)

De B vers A porter le tiers de la mesure justificative, plus 3 centimètres, indiquer E'; du point E' porter verticalement 8 centimètres, indiquer 8'; et réunir par une ligne horizontale au point 8 de la ligne B D.

De A vers G porter la moitié de la mesure justificative, indiquer F; du point F vers A porter
6 centimètres; voir combien de dizaines donne l'entier de la mesure
justificative, et comp-
ter 8 millimètres par
dizaine de centimè-
tres; porter le nombre
obtenu du point 6
vers la droite, mar-
quer F', puis réunir F
à F' par une ligne
courbe et terminer à
E par une ligne ver-
ticale. (Le tracé de
cette ligne donne la
couture que l'on as-
semble si l'on veut
que le pantalon soit
fermé.)

De D vers G porter
le quart de la mesure
justificative plus 3,
marquer G, et réunir
G à F par une ligne
ponctuée; au milieu
de cette ligne, porter
vers la droite 1 centimètre, et réunir F et G en
passant à 1. (Cette ligne indique la couture intérieure de la jambe du pantalon.)

Le papier étant double, le devant et le derrière
du pantalon se trouvent tracés sur la même feuille;

pour tailler le patron, on coupe les deux feuilles
de papier, en commençant du point δ, ligne B D;
on passe au point E, puis au point F' et F, et l'on
termine au point G ; ensuite ne couper qu'une feuille
de papier : commencer au point δ, ligne B D, passer
au point δ' et terminer au point F'.

Pour ne pas assembler le pantalon moitié à l'endroit et moitié à l'envers, on doit veiller à bien
placer chacun des deux morceaux qui le composent.
S'y prendre ainsi :

Le point δ angle B au point E donne le derrière
du pantalon. Placer sur la table les deux points E
l'un près de l'autre, puis ramener au-dessous du
point E le point δ' dont la jonction avec le point δ
angle B donne le devant du pantalon.

Réunir par des épingles les deux points E, et
ensuite par une couture verticale de 18 centimètres.

Réunir de même verticalement les deux points
δ et δ'.

Du point F au point G la couture se réunit en
entier, ce qui donne la couture intérieure de la jambe.

Chacune des coutures doit être assemblée par des
points devant et ensuite rabattue.

Le pantalon, dans le haut, sera terminé derrière
par une coulisse. Une patte sera cousue à chaque
ouverture qui se trouve de côté.

Le devant du pantalon sera légèrement froncé, et
la ceinture devra avoir pour longueur la moitié du
tour de la taille plus 6 centimètres.

XII

ROBE PRINCESSE POUR PETITE FILLE

Le tracé d'une robe princesse consiste dans les patrons :

1° Du demi-devant ;
2° Du demi-dos ;
3° Du petit côté ou complément du dos ;
4° De la manche.

Pour l'exécution de ces patrons nous prenons les mesures variables, excepté la longueur de la jupe qui se trouve comprise avec les trois mesures, qui sont :

La longueur de la taille, que l'on prend en portant le mètre de l'épaule, encolure, et en passant à la ceinture jusqu'au bas de la robe ; ajouter 8 centimètres.

La longueur du dessous du bras : on inscrit le nombre obtenu, puis le mètre est porté jusqu'au bas de la robe, plus 8 centimètres.

La longueur du dos : on l'inscrit, puis on porte le mètre jusqu'au bas de la robe, plus 8 centimètres.

Le total de chacune de ces mesures donne la hauteur des trois rectangles.

La hauteur de chaque rectangle étant connue, la mesure justificative sert de base pour fixer les différentes largeurs des rectangles ; ainsi la largeur du rectangle du devant de la robe a la moitié de la mesure justificative ; la largeur du rectangle du dos, de même la moitié de la mesure justificative, et la largeur du rectangle du petit côté, le tiers de la mesure justificative plus 8 centimètres.

Tracé du demi-devant de la robe.

Pour connaître la hauteur du rectangle, prendre la hauteur de l'enfant, de l'épaule, encolure, et porter le mètre jusqu'au bas de la robe plus 8 centimètres, et pour la largeur du rectangle, la moitié de la mesure justificative.

Les angles du rectangle sont indiqués par A B C D.

De A vers B, porter le tiers de la mesure justificative moins 1 centimètre, tracer une perpendiculaire et marquer B' D'.

Pour tracer l'encolure, le biais de l'épaule, l'entournure et les pinces, voir au chapitre VI, page 20.

Pour le tracé de la ligne courbe de la hanche, du point 1, entournure, porter verticalement

la longueur du dessous du bras ; de ce point porter
vers la gauche 1 centimètre 1/2 ; du point 1 1/2
tracer une ligne ponctuée ligne A C, marquer C', et
réunir par une oblique le 3, entournure, à 8 millimètres au-dessus du point 1 1/2, ceinture ; de D vers
B, porter 2 centimètres, réunir ce 2 aux 8 millimètres,
ceinture, par une ligne ponctuée ; au milieu de cette
ligne, élever vers la droite 1 centimètre 1/2 ; réunir
par une courbe le 1 1/2, ceinture au 2 ligne D B en
passant au 1 1/2 ; réunir le 2 à la ligne C par une
ligne d'environ 8 ou 10 centimètres légèrement courbe.

Nota. — Pour les robes de fillette, on ajoute souvent au demi-devant une contre-pince.

Tracé du demi-dos.

Pour connaître la hauteur du rectangle, on prend
la hauteur de l'enfant, de l'épaule (encolure) au
bas de la robe, plus 8 centimètres, et pour la largeur du rectangle, la moitié de la mesure justificative.
Les angles du rectangle sont indiqués par A B C D.

De B vers A, porter le quart de la largeur donnée
au rectangle moins 2 centimètres, tracer une ligne
verticale, marquer B' D' ; de B' vers A, porter la
demi-largeur du dos, tracer une ligne verticale et
marquer A' C' ; de A', porter verticalement la longueur du dos, et l'indiquer par un point ; de ce
point porter 1 centimètre 1/2 dans le rectangle et
réunir le point 1 1/2 à A par une oblique, pour
prolonger la taille ; du point 1 1/2, ceinture, porter
verticalement le tiers de la longueur du dos, l'indiquer par G, et réunir le point 1 1/2 à G par

une ligne légèrement courbe; du point 1 1/2, cein-ture, porter vers la droite 3 centimètres; du point G, porter vers la droite 7 centimètres et réunir le point 3, ceinture, au point 7 par une légère courbe.

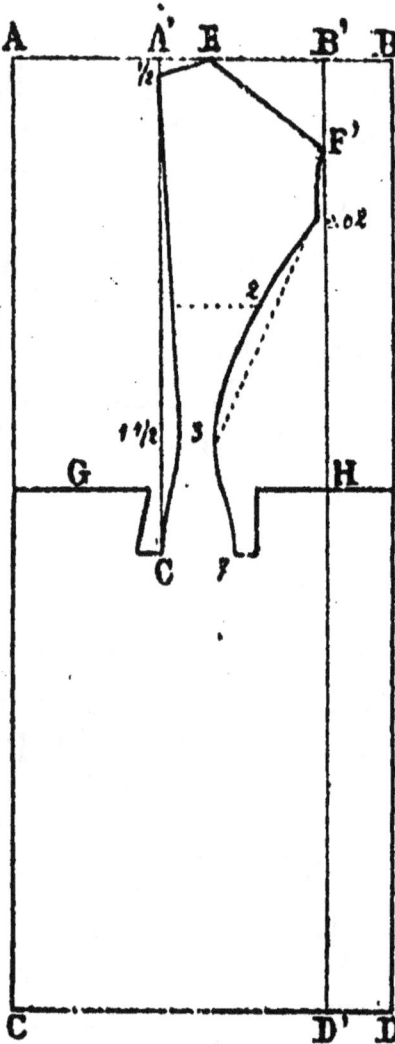

Pour tracer l'encolure, le biais de l'épaule, l'entournure et la ligne courbe du dos, voir au chapitre VI, pages 22 et 23.

Tracé du petit côté.

Pour connaître la hauteur du rectangle, on pose le mètre sous le bras, à la couture qui joint dos et devant, de l'entournure à la hanche jusqu'au bas de la robe, plus 5 centimètres, et l'on a la hauteur du rectangle.

Le tiers de la mesure justificative, plus 5 centimètres, donne la largeur du rectangle.

Les angles sont indiqués par A B C D.

De B vers A, porter le quart de la largeur du rectangle, tracer une ligne verticale, marquer B' D';

le B' vers A, porter le quart du tour de la taille, moins 4 centimètres, tracer une ligne verticale, puis marquer A' C'.

Pour l'entournure, de B' vers A', porter 2 centimètres, de B' vers C' porter 3 centimètres, réunir 2 à 3 par une légère courbe.

Du point 3, entournure, porter vers D la longueur du dessous du bras ; de ce point, porter 2 centimètres vers la gauche ; du point 2, ceinture, tracer une ligne ponctuée qui se termine à la ligne A'C'; réunir le 3, entournure, à 5 millimètres au-dessus du 2, ceinture, par une oblique ; de D vers 3, porter 2 centimètres, et les réunir par une ligne ponctuée aux 5 millimètres du 2, ceinture ; au milieu de cette ligne élever, vers la droite, 1 centimètre 1/2, et réunir par une légère courbe les 5 millimètres au 2 de la ligne DB en passant au 1/2 de la ligne courbe ; de la ligne ponctuée, ligne A' C', porter vers A' 2 centimètres, et de la ligne ponctuée A'C', porter vers C' le tiers de la longueur du dos, ce qui prolonge la taille, puis porter vers la gauche 1 centimètre, et réunir 2 et 1.

6

Le nombre contenu de A' à B' sera reporté de B' vers C', marquer E, et réunir A' à E par une ligne ponctuée; de A vers E, porter la moitié du nombre contenu de A' à B' plus 1 centimètre, marquer E', puis réunir par une courbe les points 2, entournure, au 1, en passant à E', et au 2, ligne ponctuée.

Tracé de la manche.

Prendre la longueur extérieure du bras pour la hauteur, et la demi-longueur du bras pour la largeur du rectangle de la manche.

Marquer A B C D.

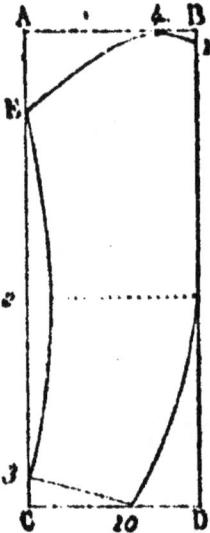

Pour tracer l'entournure : de A vers C, porter le huitième plus 2 centimètres de la longueur extérieure du bras, l'indiquer par E; de B vers A, 4 centimètres; de B vers D, porter 1 centimètre, et réunir le point 1, ligne B, au point E, par une ligne courbe convexe, en passant par le point 4.

Pour le bas de la manche : de C vers A, 3 centimètres; de C vers D, 9 centimètres, et réunir le point 3 au point 9 par une ligne oblique.

Pour la couture intérieure de la manche : du point E vers le point 3, porter la moitié de la longueur intérieure du bras, l'indiquer par un point; de ce point entrer de 2 centimètres dans le rectangle, marquer 2; du point E tracer une ligne légèrement courbe, convexe par rapport à B D, passer au point 2 et terminer au point 3 ; du point 2 tracer une ligne ponctuée jusqu'à la ligne B D.

Pour la couture extérieure de la manche : commencer au point 1, angle B, et tracer de la ligne ponctuée au point 9 une légère courbe, convexe par rapport à B D, ce qui achève le tracé.

DEMI-DEVANT DE LA ROBE PRINCESSE
avec une contre-pince.

Nous avons dit : la grosseur du poignet s'emploie par tiers ou par quart au biais de l'épaule du demi-devant de la robe.

1° Il faut connaître la longueur du dos ;

2° Additionner le nombre de centimètres que donne la longueur du dessous du bras plus 3 centimètres, avec le nombre que donne la grosseur du poignet.

Le total de l'addition étant égal au nombre de centimètres que donne la longueur du dos, le poignet est employé par quart au demi-devant de F à F'', et par moitié de B à F au demi-dos ; si

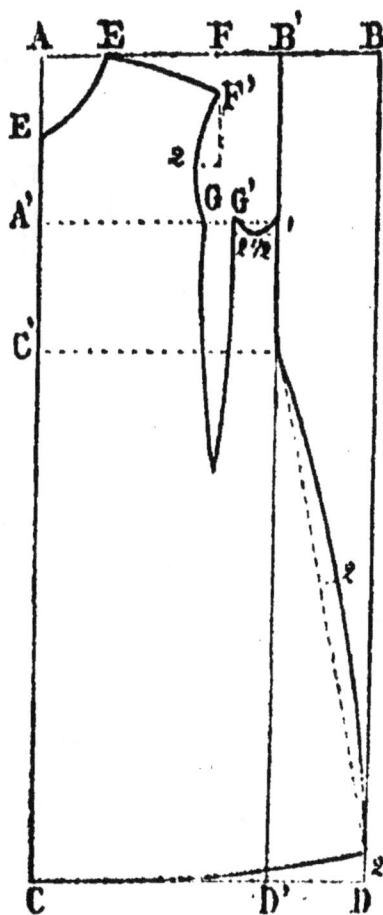

l'addition est inférieure au nombre que donne la longueur du dos, le poignet sera porté par tiers de F à F' au demi-devant de la robe, et porté aux deux tiers au demi-dos de B à F.

TABLIER FORME PRINCESSE

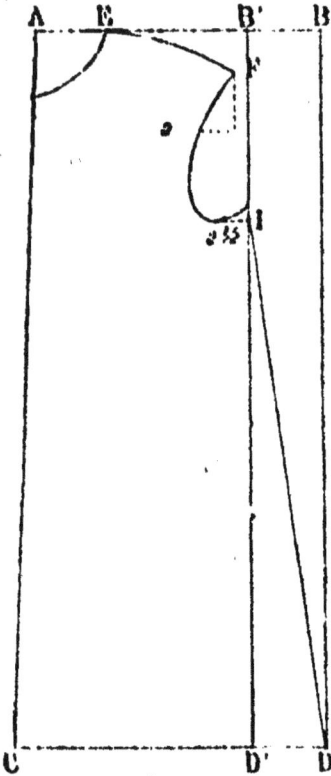

Mesures variables.

Longueur totale du tablier;
Largeur des épaules prise devant;
Mesure justificative;
Longueur du dos;
Largeur du dos;
Grosseur du bras;
Longueur du bras;
Grosseur du poignet.

Vérification des mesures.

La largeur des épaules prise par devant doit avoir 8 centimètres de plus que la largeur du dos.

Rectangle du devant.

Hauteur du rectangle: la longueur totale du tablier.

Largeur du rectangle : la moitié de la mesure justificative.

Marquer A B C D.

De A vers B porter le tiers de la mesure justificative, tracer une ligne verticale et marquer B′ D′.

Pour tracer l'encolure, le biais de l'épaule et l'entournure, voir au chapitre VI, page 20.

Du point 1 entournure, tracer une ligne oblique en D.

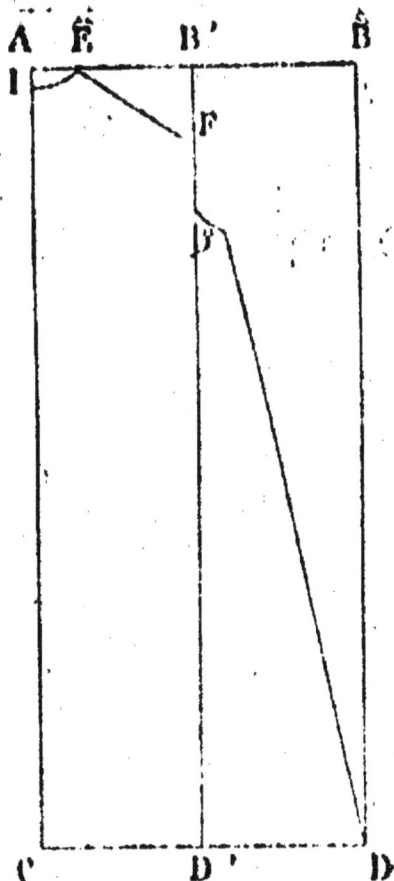

Rectangle du dos.

Hauteur du rectangle : longueur totale du tablier, Largeur du rectangle : la moitié de la mesure justificative moins 4 centimètres.

De A vers B porter la moitié de la largeur du dos, tracer une ligne verticale et marquer B′ D′

Pour tracer l'encolure et le biais de l'épaule, voir page 22.

Pour tracer l'entournure, du point F, biais de l'épaule, porter verticalement la moitié de la grosseur du poignet plus 3, l'indiquer par un point; de ce point porter vers la droite 3 centimètres; du point F, biais de l'épaule, tracer une ligne légèrement courbe qui se termine au point 3, entournure, et du point 3 tracer une ligne oblique en D.

Nota. — Lorsque l'on taille le dos du tablier, il faut laisser 8 centimètres pour l'ourlet qui doit soutenir les boutonnières et les boutons.

MANCHE A POIGNET

Hauteur du rectangle : la longueur extérieure du bras plus 2 centimètres; l'indiquer par AC; de A vers la droite porter la demi-grosseur du bras plus 3 centi-mètres, marquer B; de C vers la droite, porter la grosseur du poignet, marquer D.

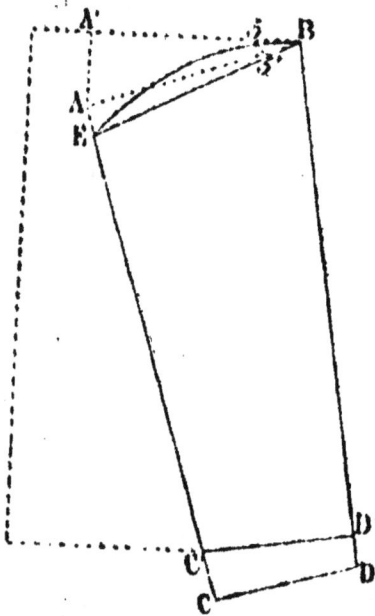

Pour exécuter ce patron, on plie en biais le papier de B à D; ce pli donne une oblique qui porte une partie du papier au-dessus de l'angle A : marquer cette distance par A'. Les lignes ponctuées indiquent l'excédent du papier.

En haut de la manche, de A', porter vers A le quart moins 2 centimètres de la longueur extérieure du bras, marquer E; de B vers A' porter 8 centi-mètres, et réunir E au point 8 par une ligne courbe, convexe par rapport à A' B; de B, sur la ligne A, porter 8 centimètres, marquer 8', et réunir à E par une ligne oblique à la ligne B D. Le papier ayant été plié en biais, l'oblique fait que le papier excédant le point A s'éloigne de l'angle C; c'est à cette distance, au-dessus de l'angle C, que l'on trace une ligne légèrement oblique qui se termine au-dessus de l'angle D. Marquer cette ligne C' D', ce qui indique le bas de la manche, où sera cousu le poignet.

La ligne A C, devant de la manche, sera portée sur le droit fil de la chaîne.

Pour découper le patron, procéder ainsi : du point δ, ligne A' B, passer au point E; continuer en suivant le bas du papier jusqu'à C' et terminer à D'. Pour l'échancrure de la manche, couper du point δ' au point E.

Rectangle du poignet.

Hauteur du rectangle : 10 centimètres.

Largeur du rectangle : la grosseur du poignet plus 5 centimètres.

La ligne A B sera portée sur le fil droit de la chaîne.

TABLIER A BARRETTE

Le tablier à barrette n'est autre chose qu'un tablier à encolure carrée qui se compose d'un morceau d'étoffe ayant la forme d'un rectangle, ce qui donne l'épaule.

Le corps du tablier est froncé et se réunit, par

devant et dans le dos, à une bande droite préalablement fixée au rectangle qui forme l'épaule.

Pour confectionner ce tablier, on prend cinq mesures variables qui sont :

La longueur du tablier ;
La largeur du dos ;
La mesure justificative ;
La longueur extérieure du bras ;
La grosseur du poignet.

1° Rectangle de la pièce de l'épaule.

Hauteur du rectangle : une fois et demie la grosseur du poignet.

Largeur du rectangle : la grosseur du poignet
moins 3 centimètres.

Marquer A B C D aux angles.

De B vers D, porter 1 centimètre *(mesure complémentaire)*; réunir le point 1 au point A par une
ligne oblique.

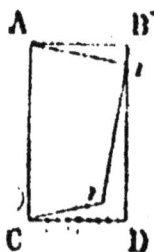

De C vers D, porter les deux tiers de la grosseur
du poignet, l'indiquer par un point ; de
ce point porter 1 centimètre vers la
ligne A B et réunir par une oblique au
point 1 vers B.

Sur la ligne A C l'étoffe sera pliée
double, en suivant le fil droit de la
chaîne.

Sur la ligne C D sera cousue la barrette du devant
du tablier ; sur la ligne D B sera montée la manche.

Il faudra tailler deux pièces d'épaule.

2° Rectangle de la barrette du devant du tablier.

Hauteur du rectangle : 3 centimètres.
Largeur du rectangle : la argeur du dos.

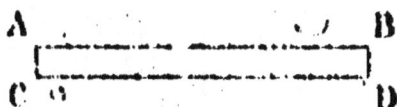

Sur la ligne A B l'étoffe sera ployée en double, suivant le droit fil de la chaîne, et réunie à la ligne C D du premier rectangle.

3° Rectangle de la barrette du dos.

Hauteur du rectangle : 3 centimètres.
Largeur du rectangle : la demi-largeur du dos plus 4 centimètres.
Tailler deux barrettes semblables.

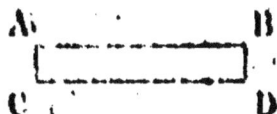

Sur la ligne A B, l'étoffe sera pliée en double dans le sens de la chaîne. L'angle A sera réuni à la ligne oblique, rectangle n° 1.

4° Rectangle du devant du tablier.

Hauteur du rectangle : la longueur que l'on désire donner au tablier.
Largeur du rectangle : la moitié de la mesure justificative plus 8 centimètres.

De A vers B, porter la largeur du dos, l'indiquer par le point B'; de ce point, tracer une ligne oblique jusqu'à l'angle D; de la ligne B' vers A, porter le tiers de la grosseur du poignet, l'indiquer par le point F; de B' vers D, le tiers de la grosseur du poignet plus 1, l'indiquer par E, et réunir F à E par une ligne courbe qui forme l'entournure.

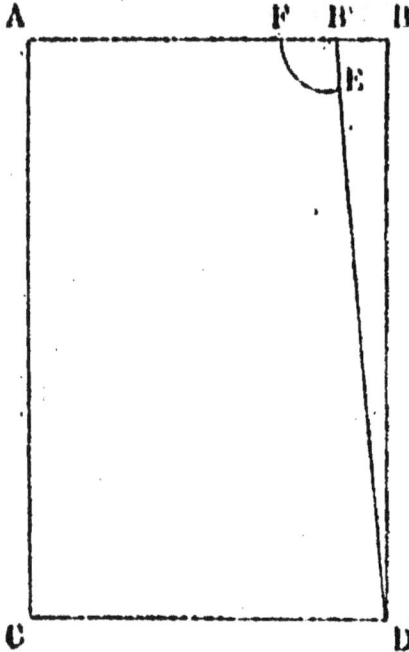

Nota. — Le rectangle du dos est en tout conforme au rectangle du devant du tablier. A la ligne A C, l'étoffe doit être pliée en double dans le sens de la chaîne.

Pour le rectangle de la manche, voir page 84.

PANTALON DE FILLETTE

Mesures variables.

La longueur extérieure de la jambe (de la hanche au-dessous du genou);

La mesure justificative;

Le tour de la taille.

Tracé du rectangle du pantalon.

Hauteur du rectangle : la longueur extérieure de la jambe plus 4 centimètres.

La hauteur du rectangle obtenue, marquer cette ligne A C; de A vers la droite, porter la moitié de la mesure justificative, ce qui donne la largeur du rectangle.

Plier ensuite le papier et marquer ce pli par BD, ce qui indique que l'étoffe sera double, tandis que la ligne A C indique le sens de la chaîne, où seront placées les deux lisières de l'étoffe.

De B vers D, porter 4 centimètres; de B vers A, porter le tiers de la mesure justificative plus 8 centimètres, marquer E; réunir le point E au point 4 par une ligne courbe légèrement convexe par rapport à A B. (Cette ligne indique le pantalon vu par derrière.)

De B vers A porter le tiers de la mesure justificative, marquer E'; du point E' porter verticalement 3 centimètres, indiquer 3, et réunir le point 3 au point 4 par une oblique; de A vers C porter la moitié de la mesure justificative, indiquer F; du point F vers A porter 4 centimètres; voir ensuite

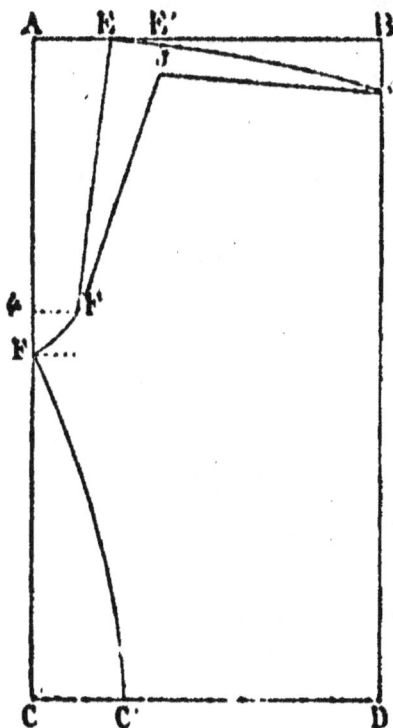

combien de dizaines donne l'entier de la mesure justificative et compter 6 millimètres par dizaine de centimètres; porter ce nombre du point 4 vers la droite, marquer F'; réunir F à F' par une ligne courbe et terminer à E par une oblique verticale. Le tracé de cette ligne donne la couture que l'on assemble si l'on veut que le pantalon soit fermé.

De D vers C porter le quart de la mesure justificative plus 2 centimètres, marquer C', et réunir C' à F par une ligne courbe convexe par rapport à B D. (Cette ligne indique la couture intérieure de la jambe du pantalon.)

Le papier étant double, le devant et le derrière du pantalon se trouvent tracés sur la même feuille. Lorsqu'on taille le patron, on coupe les deux feuilles de papier en commençant au point 4, ligne B D; on passe au point E, puis au point F' et à F, et l'on termine au point C'; ne couper ensuite qu'une feuille de papier, en commençant au point 4, ligne B D, passer au point 3 et terminer au point F'.

Pour assembler le pantalon, voir les explications du pantalon de femme, page 74.

CHEMISE DE FILLETTE

Mesures variables.

Ces mesures sont au nombre de trois :
1° Longueur de la chemise;
2° Mesure justificative;
3° Grosseur du poignet.

Le rectangle de la chemise de fillette diffère des autres rectangles en ce qu'il contient le devant et le dos de la chemise; pour avoir la largeur du rectangle, il faut prendre deux fois la longueur que doit avoir la chemise.

Tracé du rectangle.

Le patron de la chemise de fillette se dessine sur l'étoffe. Pour cela additionner deux fois la hauteur que l'on veut donner à la chemise, plus 4 centimètres

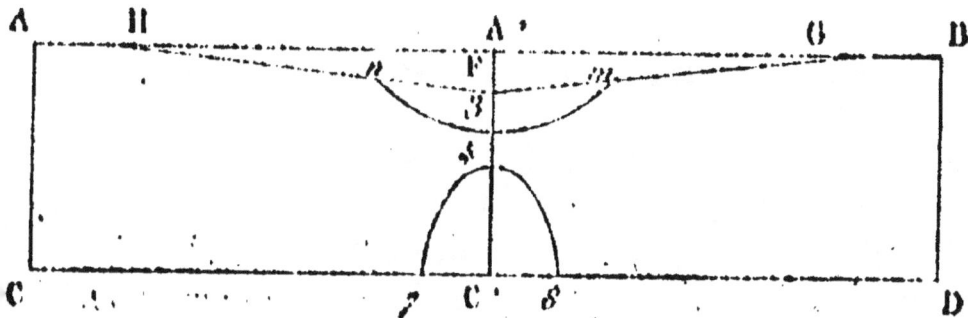

pour l'ourlet, et porter le nombre obtenu sur l'étoffe dans le sens de la chaîne. Couper l'étoffe et, à chaque extrémité de la lisière, marquer A B. Ensuite en partant de la lisière A, porter dans le sens de la trame le tiers de la mesure justificative plus 7 centimètres, et plier l'étoffe à ce nombre dans le sens de la chaîne. Ce pli donne la ligne C D. L'étoffe ainsi repliée il arrive que l'excédent de l'étoffe dépasse la lisière A B; on la coupe alors à 1 centimètre au-dessus de la lisière A B. Le rectangle ainsi formé, on le divise en deux parties égales par la ligne A' C'.

Terminer entièrement le dessin avant de tailler la chemise.

1º Tracé des pointes qui donnent de la largeur dans le bas de la chemise.

De C′ vers A′ porter le quart de la mesure justificative plus 7 centimètres, marquer F; de A′ vers B, mesurer la moitié de la longueur de la chemise plus 2, marquer G; de ce point au point F tracer une oblique; de A′ vers A porter de même la moitié de la longueur de la chemise plus 2, marquer H, et réunir le point H au point F par une oblique.

2º Entournure du devant de la chémise.

De F vers C′ mesurer 4 centimètres (*mesure complémentaire*) et porter sur la ligne F G la grosseur du poignet plus 4, marquer *m*, et réunir le point *m* au point 3 de l'entournure par une ligne courbe.

3º Entournure du dos de la chemise.

De F en H porter la grosseur du poignet plus 4, marquer *m*, et réunir le point *m* au point 3 par une ligne légèrement courbe.

4· Tracé de l'épaule.

Pour former l'épaule, du point 3 vers C′ abaisser 4 (*mesure complémentaire*) et former un trait horizontal indiquant la largeur de l'épaule.

5° Tracé de l'échancrure du dos et du devant de la chemise.

De C' vers D porter 8 centimètres, de C' vers C mesurer 7.

Du point 4, ligne A' C', au point 8, ligne C' D, mener une ligne courbe passant par le point 7, ce qui donne l'échancrure du devant de la chemise et du dos.

Du point 8, ligne C D, vers D, porter 10 centimètres, ce qui donne l'ouverture de la chemise où sera cousue une bande.

La petite bande, qui entoure l'échancrure dos et devant, doit avoir en longueur le nombre que donne la mesure justificative plus 7 centimètres, et pour hauteur 4.

6° Tracé du rectangle de la manche.

Pour la hauteur du rectangle prendre la grosseur du poignet plus 5, et pour la largeur, la grosseur du poignet plus un tiers de ladite mesure.

De B vers D, porter 6 centimètres (*mesure complémentaire*); de A vers B porter 5 (*mesure complémentaire*); réunir le point 5 au point 6 par une ligne légèrement courbe. De D vers C porter 3, et réunir le point 6 au point 3 par une oblique. L'étoffe doit être double sur la ligne A C.

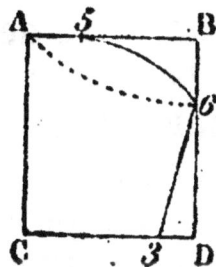

XIII

PANTALON POUR JEUNE GARÇON

Les mesures nécessaires à la confection d'un pantalon pour jeune garçon, sont :

1º Longueur extérieure de la jambe (de la hanche à la semelle du soulier);

2º Tour de la taille;

3º Tour du bassin;

4º Tour du genou;

5º Le tour du poignet (qui nous donne la poche).

Demi-devant du pantalon.

La hauteur du rectangle est égale à la longueur extérieure de la jambe.

La largeur du rectangle est égale au quart du tour du bassin, plus 4 centimètres (et plus 6 pour un enfant de sept à huit ans).

Les angles du rectangle sont indiqués par A B C D.

La mesure tour du bassin sera divisée comme il suit :

1º Le quart; 2º le sixième; 3º le huitième; 4º le seizième.

De A vers C, porter le quart de la longueur extérieure de la jambe, plus 1 centimètre (et 2 pour les enfants), marquer F; de F vers A le quart de la hauteur contenue de A à F, marquer F'; de A˝ vers B le seizième du tour du bassin moins 1 centimètre, marquer A'; de F' vers la droite le seizième du tour du bassin, moins 1 centimètre, marquer G, et réunir A' à F en passant à G; de A' vers la droite, le quart du tour de la taille, moins 2 centimètres, marquer B'; de B vers D, 4 centimètres, et réunir B' au point 4 par une ligne courbe vers la droite. Pour fixer la hauteur du genou, de A vers C, la moitié de la longueur extérieure de la jambe, plus 4 centimètres (et pour les enfants, 2); au nombre obtenu tracer une ligne ponctuée horizontale, marquer H; de H vers la droite le seizième du tour du bassin, marquer H'; de C vers D, le seizième du tour du bassin, moins 1 centimètre, marquer C', et réunir F à C' en passant au point H.

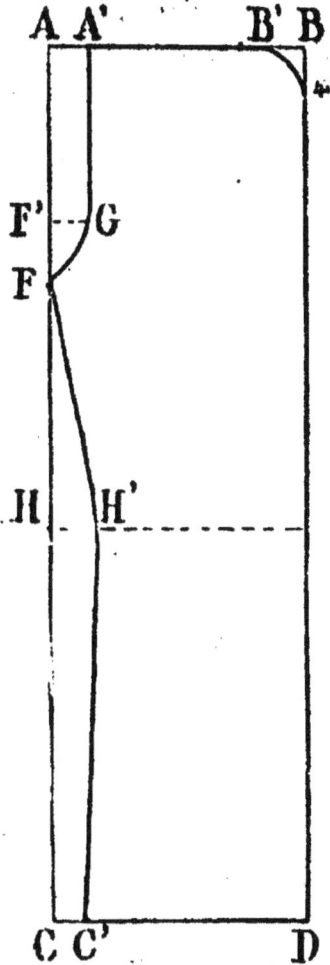

Tracé du pantalon par derrière.

Tracer une verticale égale à la longueur extérieure de la jambe plus 3 centimètres, marquer A C; de A vers C, le quart de la longueur extérieure de la jambe plus 3 centimètres, marquer

7

F'; de F vers A, le quart de l'espace contenu de A à F, marquer F'; de A vers la droite, le sixième du tour du bassin, marquer A'; de F' vers la droite, le huitième du tour du bassin moins 2 centimètres, marquer G; réunir A' à G par une ligne légèrement courbe vers la gauche, et G à F' par une légère courbe vers la droite; de A' vers la droite, le tiers du tour de la taille plus 3 centimètres, marquer B, et réunir A à B par une ligne horizontale; de B, porter verticalement 3 centimètres. Hauteur du jarret: de A vers C, la moitié de la longueur extérieure de la jambe plus 4 centimètres (et 2 pour les enfants de quatre à sept ans), marquer H; du point H vers la droite, la moitié du nombre contenu de F' à G plus 1 centimètre, marquer H'; de C vers D, porter le nombre de centimètres contenu de H à H' moins 1 centimètre, marquer C', et réunir F et H' par une oblique; de H', continuer une perpendiculaire égale au tiers de la distance contenue de H' à C' et terminer par une oblique à C'; de H' vers la droite, indiquer par une ligne ponctuée les deux tiers du nombre que donne le genou, marquer I; de C' vers la droite, les deux tiers du nombre que donne le genou, marquer D, et réunir C' à D par une ligne droite; prendre la distance de B à I, diviser en deux cette ligne par I', puis réunir le 3 de l'angle B à I' par une oblique, I' à I par une légère courbe vers la gauche et terminer à D.

La ligne ponctuée, qui s'élève de 3 à 4 centimètres au-dessus de A', et qui se termine en oblique à quelques centimètres de B, représente un morceau de drap qui s'ajoute au pantalon.

Du sommet de A' sur la ligne ponctuée, porter le quart du tour de la taille plus 3 centimètres, et le reste de la ligne sera contenu entre les deux lignes ponctuées indiquées au-dessous de la ligne A' B. (Ces deux lignes sont réunies par une couture.)

Ayant taillé le pantalon du côté droit (couture intérieure de la jambe), du point F enlever 1 centimètre qui se termine à zéro en II'; de même à la couture intérieure du côté droit du pantalon par derrière.

Pour l'assemblage des différents morceaux qui composent le pantalon, ceux-ci seront préalablement doublés; placer au côté droit du demi-devant un morceau d'étoffe sur lequel porteront les boutons, et du côté gauche, un morceau d'étoffe taillé exactement comme le pantalon où seront les boutonnières; ensuite réunir les deux demi-devant du point F d'environ 3 centimètres vers A, puis assembler les poches à chaque demi-devant.

Les poches seront posées à la couture extérieure du pantalon.

La hauteur de la poche doit être égale à deux fois

et demie la grosseur du poignet; le total du nombre obtenu est porté dans le sens de la chaîne et dans le sens de la trame deux fois le tour du poignet. A l'intérieur des poches on ajoute un morceau d'étoffe semblable au pantalon.

GILET

Les mesures nécessaires pour un gilet, sont:

1° La longueur que l'on désire donner au demi-devant de l'épaule (encolure);

2° Largeur des épaules;

3° Longueur du dessous du bras;

4° Longueur du dos;

5° Largeur du dos;

6° Mesure justificative;

7° Grosseur du poignet.

La largeur des épaules par devant doit avoir 7 centimètres de plus que la largeur du dos.

Demi-devant du gilet.

Pour la hauteur du rectangle, indiquer la longueur que l'on désire donner, et pour la largeur du rectangle, le quart de la mesure justificative, plus 2 centimètres. Les angles du rectangle sont indiqués par A B C D.

Nota. — Lorsque deux lettres sont énoncées, on les relie l'une à l'autre, comme il est expliqué au chapitre VI (p. 20 et suiv.).

De A vers B on porte 1 centimètre, lorsque la mesure justificative est égale ou inférieure à 70 centimètres, et de 1 1/2 à 2 centimètres lorsqu'elle est supérieure à 70.

De A vers C, le tiers de la longueur du dos plus 2 centimètres, marquer A'.

Pour l'encolure, de 1 vers B, porter la moitié du tour du poignet, E; de 1 vers A', la moitié du tour du poignet plus 1 centimètre, E'.

Au biais de l'épaule, le tour du poignet s'emploie par quart.

Pour l'entournure, porter la grosseur du poignet plus 3 centimètres; de l'entournure la longueur du dessous du bras, moins 3 centimètres; de C vers A' élever de 5 à 6 centimètres, marquer C'; de C' vers la droite, la moitié de la largeur du rectangle, marquer G; du point G vers la droite on placera la poche, qui devra être cousue au demi-devant avant de le doubler.

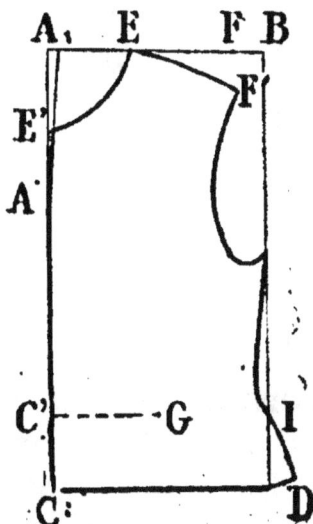

Nota. — La ligne C jusqu'à A' sera portée sur le fil droit de la chaîne, la ligne oblique doit être reproduite sur l'étoffe.

Demi-dos du gilet.

Pour le rectangle du demi-dos, la hauteur du rectangle est égale à la longueur du dos, plus 5 centimètres; la largeur du rectangle est égale au quart de la mesure justificative.

Les angles du rectangle sont indiqués par A B C D. Pour tracer l'encolure, de A vers B, porter le tiers du tour du poignet ; de A vers C, 1 centimètre ; de A vers B, la demi largeur du dos, F ; de F, porter verticalement la moitié du tour du poignet, F'. Pour l'entournure, de F', verticalement le tour du poignet moins 2 centimètres, G ; de G, la longueur du dessous du bras moins 2 centimètres, et de ce point, 1 centimètre dans le rectangle ; de D vers la droite, 2 centimètres ; de D vers B, 1 centimètre.

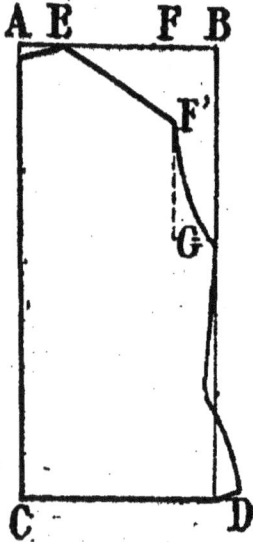

Nota. — Le dos du gilet se taille ordinairement avec de l'étoffe en coton noir.

C'est à la longueur du dessous du bras que l'on ajoute deux pattes dont l'une porte une boucle pour serrer le gilet à la taille.

BLOUSE DEMI-AJUSTÉE

Les mesures nécessaires pour la confection de ce vêtement, dont la ceinture est portée au-dessous des hanches, s'obtiennent de même que pour une robe : on prend le tour du bassin en plus. La largeur des épaules, prise par devant, doit avoir 7 centimètres de plus que la largeur du dos.

Nota. — Lorsque deux lettres sont énoncées, elles sont reliées l'une à l'autre, comme il est dit au chapitre VI (p. 20 et suiv.).

Demi-devant.

Hauteur du rectangle : la longueur que l'on désire. La largeur est égale à la moitié du tour du bassin, moins le huitième du nombre obtenu.

De A vers B, porter 1 centimètre ; de A vers C, le tiers de la longueur du dos plus 2 centimètres, A' ; de 1 vers B, le tiers de la mesure justificative, plus 3 centimètres et tracer une ligne verticale, B' D'. Pour l'encolure, de 1 porter vers B' la moitié de la grosseur du poignet, E ; de 1 vers C, la moitié de la grosseur du poignet plus 1 centimètre, E'.

Au biais de l'épaule, le tour du poignet est employé par quart ; on l'indique par F'.

Pour l'entournure, le tour du poignet plus 2 centimètres, que l'on indique par une ligne ponctuée, C' ; de C' vers la droite, porter le quart de la mesure justificative, G ; de G, vers la droite, 2 centimètres ; de la ligne horizontale vers B', le tiers du nombre de centimètres donné à l'entournure, marquer G' ; de G', vers la gauche, 2 centimètres ; de F', biais de l'épaule, indiquer par une ligne verticale la moitié de l'entour-

nure; porter vers la gauche 2 centimètres, et réunir
ces différents points, ce qui termine l'entournure;
joindre G′ à 2 centimètres de l'angle D par une ligne
ponctuée; de la ligne G, entournure, porter verticalement la longueur du dessous du bras, l'indiquer par H;
prendre la moitié de la ligne G′ H, et au milieu de
cette ligne ponctuée élever 1 centimètre vers la
droite; réunir par une légère courbe le 2 de G′ en
passant au 1 et terminer par une oblique au 2 de
l'angle D.

Remarque. — La ligne C′ jusqu'à A′ sera portée sur
le fil droit de la chaîne, et de A′ à l'encolure, la
ligne oblique doit être reproduite sur l'étoffe.

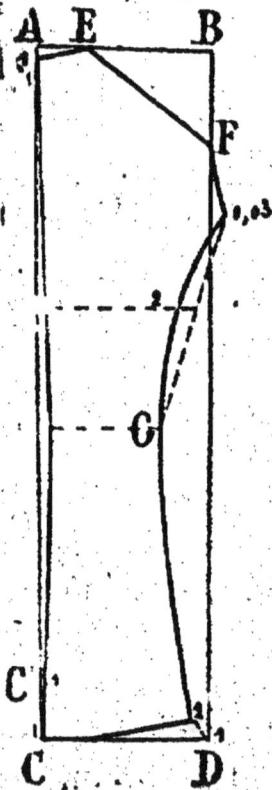

Demi-dos de la blouse.

La hauteur du rectangle est égale
au nombre de centimètres que l'on
désire, et la largeur du rectangle, à
la demi-largeur du dos.

Les angles du rectangle sont indiqués par A B C D.

Pour tracer l'encolure, de A vers
B porter le tiers du poignet plus 1/2
centimètre, E; de A vers C, 1 centimètre; de A vers C, la longueur
du dos; de ce point vers la droite,
1 centimètre, et réunir à A par
une oblique; de C vers A, 5 centimètres, C′; de C′ vers la droite, 1
centimètre; de 1, ceinture, vers la

droite, le sixième du tour de la taille moins 1 centimètre, G ; de D vers B, 1 centimètre ; de 1, vers la gauche, 2 centimètres.

Pour le biais de l'épaule : de B vers D, la moitié de la grosseur du poignet, marquer F ; pour l'entournure : de F, verticalement, la moitié du poignet ; de ce point, vers la droite, 3 millimètres, et réunir à G par une ligne ponctuée ; de A vers C, les deux tiers de la longueur du dos, et tracer une ligne horizontale ponctuée ; de la jonction de ces deux lignes, vers la gauche 2 centimètres.

L'espace de C à C' ne doit pas être cousu.

Tracé de la manche.

Hauteur du rectangle : la longueur extérieure du bras ; largeur du rectangle : la demi-grosseur du bras.

Les angles du rectangle sont indiqués par ABCD.

De B vers A, porter 5 centimètres ; de B vers D, 1 centimètre 1/2 ; de A vers C, le huitième de la longueur extérieure du bras, plus 2 centimètres, marquer E ; de E vers la droite, 1 centimètre ; relier ces différents points par une ligne courbe ; de E vers C la moitié de la longueur intérieure du bras, E' ; de E' vers la droite, 2 centimètres, et tracer une ligne ponctuée B D ; de cette ligne, vers D, 1 centi-

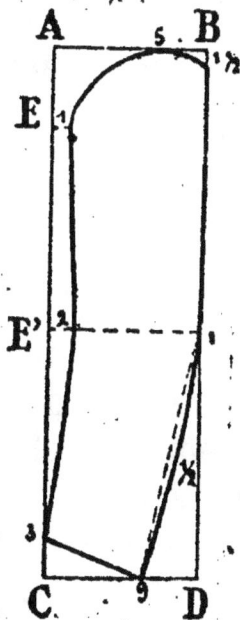

mètre; de C vers A, 3 centimètres; de C vers D, 9 centimètres, puis relier ces lignes en passant par les points indiqués.

CHEMISE DE PETIT GARÇON

Les mesures nécessaires pour la confection de cette chemise, sont :

1º La longueur du dos, prise de l'encolure au mollet (la longueur du demi-devant doit être de 5 à 7 centimètres en moins);

2º La largeur du dos;

3º La mesure justificative;

4º La longueur extérieure du bras;

5º Le tour du poignet;

6º Le tour de la main (le ruban métrique entoure à la naissance du pouce, que l'on reporte à l'intérieur de la main).

Demi-devant.

La hauteur du rectangle est égale à la longueur du dos, moins 5 ou 7 centimètres, et la largeur à la moitié de la mesure justificative, moins le huitième du chiffre obtenu.

Les angles du rectangle sont indiqués par A B C D.

Nota. — Lorsque deux lettres sont énoncées, on les relie entre elles. (Voir chapitre VI, p. 20 et suivantes).

De A vers C, la longueur que l'on veut donner à l'ouverture du devant (en général la moitié de la

mesure justificative), C'. De A vers B, porter le huitième de la mesure justificative, A'; de C' vers la
droite, le huitième du tour de la taille moins 1 centimètre, G, et réunir A' à G par une oblique; de G vers la droite, le huitième du tour de la taille, G'.

Pour l'encolure, de A' vers B la moitié du tour du poignet moins 1 centimètre, E; de A' vers G, la moitié du tour du poignet plus 1 centimètre, E'; de A' vers B, la demi-largeur du dos moins 1 centimètre, F; de F, verticalement, le quart du tour du poignet moins 5 millimètres, F".

Pour l'entournure, de F', porter verticalement le tour du poignet plus 2 centimètres à la ligne B D; de F' tracer une ligne ponctuée égale à la moitié de l'entournure et vers la gauche, 2 centimètres; ensuite de D vers B, 10 centimètres, et de D vers C, 10 centimètres.

Tracé du demi-dos.

La hauteur du rectangle est égale à la longueur convenue, et la largeur à la moitié de la mesure justificative moins le quart du nombre obtenu.

Les angles du rectangle sont indiqués par A B C D.

De B vers A, porter le seizième de la mesure justificative, marquer F; de F, verticalement, le tiers du tour du poignet moins 1 centimètre, F″, et de F vers A, le quart de la largeur du dos moins 3 centimètres, E; à l'entournure, de F″, verticalement, les deux tiers du poignet, en les reportant à la ligne B D.

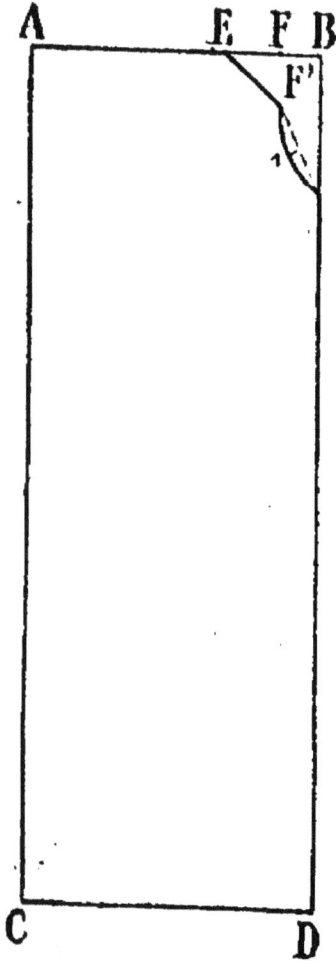

Froncer l'espace de E à A.

Demi-emplècement du dos.

Hauteur du rectangle : la moitié du tour du poignet; largeur du rectangle : la demi-largeur du dos.

Indiquer les angles par A B C D.

De A vers B, porter le tiers du tour du poignet, plus 1 centimètre, E; de A vers C, le quart de la hauteur du rectangle, A′; de B vers D le quart de la hauteur du rectangle, F; de F, vers la gauche, 1 centimètre; ensuite réunir 1 à E, puis à D.

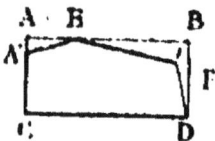

Nota. — La ligne A B de l'emplècement du dos sera portée sur le fil droit de la chaîne.

Tracé du demi-col droit.

La hauteur du rectangle est égale à la moitié du tour du poignet, plus 1 centimètre, et la largeur, au tour du poignet, plus un tiers du nombre obtenu.

Indiquer les angles par A B C D.

Pour le tracé de la courbe, de D vers B, porter le tiers du tour du poignet, D'; réunir D' à C par une ligne oblique ponctuée; au mi-lieu de cette ligne élever le tiers de la distance contenue de D à D', marquer E, et réunir D' à C en passant à E; de C vers A, 1 cen-timètre 1/2; de A vers B, le cinquième de la lar-geur donnée au rectangle, A'; de A' abaisser une perpendiculaire qui se termine à 1 centimètre 1/2 au-dessus de la ligne courbe, et réunir par une oblique au 1 1/2 de A C, ce qui achève le col.

Nota. — La ligne A B sera portée sur le fil droit de la chaîne.

Lorsque la chemise est assemblée, on mesure l'entournure; la moitié du nombre obtenu donne la largeur du rectangle de la manche, que l'on trace comme il est dit au chapitre XII, p. 84.

XIV

CONFECTION DE LA LAYETTE

Pour les vêtements du premier âge, nous avons maintenu l'échelle de 1 millimètre pour nos dessins explicatifs.

Les mesures sont peu nombreuses ; nous donnons celles que nous avons prises sur un enfant d'un mois.

1° Mesure justificative, 40 ;

2° Longueur du bras (extérieur), 22 ;

3° Tour du poignet, 8 ;

4° Tour de la tête, 38.

BRASSIÈRE

Le demi-devant et le demi-dos de la brassière sont contenus dans le même rectangle.

La hauteur du rectangle peut être de 27 ou 28 centimètres, et la largeur, des deux tiers de la mesure justificative.

Indiquer A B C D aux angles.

Nota. — Lorsque deux lettres sont énoncées, les relier l'une à l'autre. (Voir chapitre VI, page 20 et suiv.)

De B vers A, 3 centimètres ; diviser en deux la distance contenue, de A au point 3, par une ligne verticale, A'C'.

Pour l'encolure, de A vers B, porter la moitié du tour du poignet, moins 1/2 centimètre ; de A vers C, la moitié du tour du poignet, plus 1 centimètre, E' ; pour l'épaule, de A vers B le quart de la mesure justificative moins 1/2 centimètre, F, de F, verticalement, le huitième du tour du poignet, F', et pour l'entournure, de F', verticalement, le tour du poignet, plus 1 centimètre, et l'indiquer par une ligne horizontale, ligne A'C'.

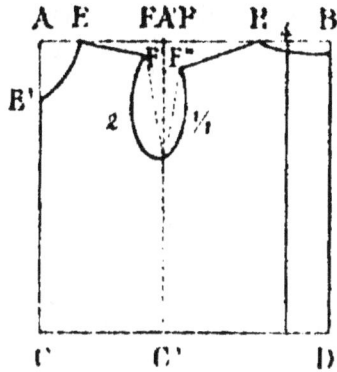

Pour l'encolure du demi-dos. du point 3 vers A, porter le tiers du poignet, E ; du point 3, verticalement, 1 centimètre ; pour l'épaule, du point 3 vers A', le quart de la mesure justificative moins 1 centimètre, F ; de F, verticalement, le huitième du poignet, plus 1/2 centimètre, F' ; réunir F' demi-dos et F' demi-devant par une ligne ponctuée à la ligne horizontale A'C', et tracer une courbe s'éloignant du demi-dos de 1/2 centimètre au milieu de la ligne vers la droite, et du demi-devant de 1 centimètre au milieu de la ligne vers la gauche ; terminer à la ligne horizontale à quelques millimètres de la ligne A'C'.

Le patron étant découpé, la ligne A C sera portée sur le fil droit de la chaîne, l'étoffe excédant de quelques centimètres la ligne B D pour l'ourlet.

La brassière étant bâtie, il suffit, pour dessiner la manche, de connaître le nombre de centimètres que donne l'entournure, et de le porter de A vers la droite, en l'indiquant par B ; de A, verticalement, la longueur extérieure du bras plus 4 centimètres, marquer C; de C, achever le rectangle (ou le carré, selon les mesures employées), marquer D; ensuite porter l'angle A à 3 centimètres au-dessous de l'angle B, et plier le papier en oblique; de B, verticalement, 4 centimètres; réunir le point 4 au sommet du pli qui est à gauche par une ligne ponctuée; au milieu de cette ligne marquer E; de E, élever de 1 centimètre 1/2; de E, verticalement, 1/2 centimètre.

Pour découper le patron, couper l'étoffe qui excède la ligne A C; passer au point 4, puis au 1 1/2 au-dessus de E et terminer à zéro au sommet du pli de gauche; puis couper la ligne ponctuée au-dessous de E, ce qui achève l'échancrure de la manche. Enlever l'étoffe qui excède dans le bas de la manche.

La ligne A C sera portée sur le fil droit de la chaîne.

Nota. — Le patron de la brassière peut servir pour tailler la chemise en ne laissant pas d'étoffe pour les coutures.

BONNET

Pour confectionner un bonnet il suffit de connaître le nombre de centimètres que donne le tour de la tête.

Pour le côté du bonnet, la hauteur du rectangle est égale au tiers du tour de la tête moins 2 centimètres, et la largeur, au tiers moins 3 centimètres.

Indiquer les angles par A B C D.

Diviser le rectangle en deux, verticalement, par la ligne A' C', et horizontalement, par la ligne E E';

réunir A' à E' par une ligne ponctuée, marquer le milieu de cette ligne, F; de F porter vers la droite 1 centimètre 1/2; réunir A' à E' en passant à 1 1/2; de E' vers D, 1 centimètre; de D vers C' porter le quart de cette ligne, D; réunir E' à D' par une oblique; de C vers C' porter au milieu de cette ligne G et réunir E à G par une ligne ponctuée; au milieu de cette ligne vers la gauche, porter 1/2 centimètre.

De A à E, cette ligne sera portée sur le fil droit de la chaîne (devant du bonnet).

Pour la passe du bonnet, la largeur du rectangle est égale à la moitié du tour de la tête plus 2 centimètres, et la hauteur au quart du rectangle de la pièce de côté plus 1 centimètre.

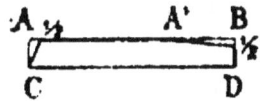

Indiquer A B C D aux angles.

De B vers A porter le tiers de la largeur du rectangle, A'; de B vers D, 1/2 centimètre, et réunir à A' par une légère courbe; de A vers A', 1/2 centimètre, et réunir à la moitié de la ligne AC.

. *Nota.* — Pour tailler la passe du bonnet, l'étoffe est pliée à angle droit et la chaîne portée sur le fil droit de la trame.

Le pli de l'étoffe est la ligne diagonale (ou biais) sur laquelle on porte la ligne C D, et la ligne A C, milieu du bonnet (devant).

MAILLOT-CULOTTE

Le dessin représente la moitié du pantalon derrière et devant.

La hauteur du rectangle est égale à la mesure justificative, plus 10 centimètres, et la largeur, aux trois quarts de cette mesure.

Les angles sont indiqués par A B C D.

De A vers B, porter 3 centimètres ; de A vers C, le quart de la mesure justificative, marquer E, et réunir au point 3 ; du point 3 vers B, le quart de la mesure justificative, marquer A' ; ensuite, de A', verticalement, 2 centimètres, et réunir au 3 de A par une oblique, ce qui indique le demi-devant ; de A' vers B tracer une ligne courbe, qui se termine à la moitié de cette ligne, et indique le derrière du pantalon. De E, verticalement, porter le huitième de la mesure justificative, marquer E' ; de E', verticalement, le huitième de ladite mesure, F ; de F, vers la droite, le huitième de la mesure justificative, F', et réunir E à F' par une oblique ; de F', vers la droite, le tiers de la mesure justificative, G ; au milieu de cette ligne, G' ;

au milieu de la ligne G G′ élever 1/2 centimètre
et réunir G à G′ en passant au 1/2 ; de G′, vers
la gauche, 2 centimètres ; de F″, vers la droite, 2 centimètres ; au milieu de ces deux chiffres, élever une
ligne ponctuée égale à E′ ; du sommet de cette ligne
réunir aux points 2 par une oblique ; du point 2, G′,
tracer une verticale ponctuée égale au huitième
plus 1 centimètre de la mesure justificative ; de
cette ligne vers la gauche porter 2 centimètres,
réunir 2 à G par une ligne ponctuée ; au milieu de
cette ligne porter verticalement 1 centimètre, réunir
G et 2 en passant à 1 ; de B vers D porter la moitié
de la mesure justificative, B′ ; diviser en deux le
reste de la ligne B′ D, marquer I ; de I, vers la gauche,
le huitième de la mesure justificative, I′ ; de D vers
C, le quart de ladite mesure, D′ ; de D′, vers la
gauche, 2 centimètres, et réunir B′ et I par une
ligne ponctuée ; au milieu de la ligne, vers la droite,
1 centimètre ; réunir B′ à I′ en passant à 1, et
terminer par une oblique à D′ ; réunir 2 et 2, ligne
D′, par une oblique.

ROBE LONGUE DES JEUNES ENFANTS

Pour obtenir le patron du demi-empiècement de
la robe longue que portent les enfants au maillot,
l'angle gauche du papier sera abaissé vers la droite.
A cet angle, porter A ; de A, élever le tour du
poignet moins 1 centimètre, en suivant le bord du
papier à gauche, marquer A′ ; de A vers la droite,
le quart de la mesure justificative, B ; de B,

élever une ligne égale à la moitié du tour du poignet, B' ; de A' à B', plier le papier en oblique pour indiquer l'épaule, et réunir B' à B ; de B vers A, porter 1 centimètre, puis réunir 1 à B' par une ligne oblique, ce qui indique l'entournure du demi-devant, et la ligne B' B, l'entournure du demi-dos.

Pour l'encolure du demi-devant, de A' vers B, porter la moitié du tour du poignet, marquer E ; de A' vers A, la moitié du tour du poignet plus 1 centimètre, E', et réunir E à E' par une courbe.

Pour l'encolure du demi-dos, de A' vers A, le tiers du poignet, F ; de F vers la gauche, 1 centimètre 1/2, puis réunir 1 1/2 à F, et terminer à E ; de A vers la gauche, 1 centimètre 1/2 ; réunir les deux 1 1/2 par une ligne droite, ce qui termine le demi-dos de l'empiècement.

Pour tailler l'étoffe, la plier dans le sens de la trame, où l'on porte la ligne A A', milieu du devant de l'empiècement.

Nota. — Si l'on veut dessiner un empiècement de tablier pour petit garçon, de A vers la droite, indiquer la demi-largeur du dos et porter les nombres 1 1/2 à 2.

BAVOIR

Tracé du demi-bavoir.

Pour la hauteur du rectangle, prendre trois fois le tour du poignet du jeune enfant, et pour la largeur, une fois le tour du poignet.

Indiquer les angles par ABCD.

De C vers D, porter 2 centimètres; de C vers A, le tour du poignet plus 3 centimètres, marquer C; pour l'encolure, de C' vers A, le tour du poignet, A'; de C' à A', diviser en deux cette distance par une ligne horizontale EE'; de E vers E', la moitié du poignet, moins 1/2 centimètre, F; réunir C' à F par une courbe, et terminer à A' par une oblique. Ensuite de D vers B, porter 2 centimètres au milieu de la ligne E, marquer 2; vers la gauche, 2 centimètres, et réunir E' à 2 centimètres de C, en passant aux points 2 et 2D.

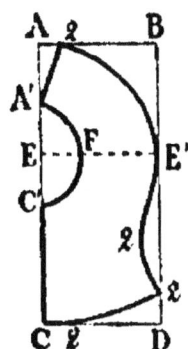

EXAMENS

Notre petit livre, destiné d'abord aux jeunes filles qui suivaient nos cours, était bien moins étendu que celui que nous venons de terminer.

Des cours normaux ayant été institués par M. le Ministre de l'Instruction publique, pour mesdames les institutrices qui désirent professer ce nouvel enseignement, nous donnons ici, sous forme de questionnaire, un abrégé de quelques-unes des demandes qui leur sont le plus ordinairement adressées à l'examen oral, et que nous enseignons au cours normal dont nous sommes la directrice.

Quel est le nom des fils qui composent toutes les étoffes, et comment peut-on les reconnaître ?

Ces fils sont : 1° la chaîne; 2° la trame.

La chaîne, qui est dans la longueur de l'étoffe, offre le plus de résistance ; les fils qui la composent sont plus gros que les fils qui composent la trame ; la chaîne est la base de toutes les étoffes ; sur le métier à tisser, elle est tendue aux deux extrémités, mais les fils résistent parce qu'ils ont reçu à la fil'ure une préparation spéciale.

La trame est un fil généralement plus fin que la chaîne, et à l'œil c'est ce qui les distingue tout d'abord l'une de l'autre. La trame offre peu de résistance. Ce fil est dévidé sur un tube ou bobine que l'on met dans une navette ; cette navette, mise en mouvement, porte la bobine de droite à gauche et de gauche à droite sans interruption, pendant qu'un nombre égal de fils appartenant à la chaîne sont alternativement levés et abaissés, laissant ainsi un passage à la navette d'où s'échappe le fil qui est la trame et enlace la chaîne, ce qui forme le travers de l'étoffe.

Comment reconnaît-on dans un morceau d'étoffe le sens de la lisière quand cette dernière est enlevée ?

On peut le reconnaître de plusieurs manières :

1° La chaîne de l'étoffe, qui se trouve toujours dans le sens de la lisière, offre des fils plus forts que la trame ;

2° En tirant l'étoffe, la chaîne résiste, tandis que la trame cède mieux si on veut la déchirer ;

3° Si l'on effile l'étoffe et qu'on veuille casser le fil de la chaîne, il rend un son ; le fil de la trame casse sans bruit et il est souvent ondulé, tandis que celui de la chaîne reste lisse.

Comment obtient-on de bons biais ?

En pliant l'étoffe à angle droit, la chaîne sur le fil droit de la trame (ou la trame sur la chaîne). Le pli que forme l'étoffe se nomme diagonal. C'est donc la ligne diagonale qui sera coupée et que l'on nomme *bon biais*. Ayant coupé la ligne diagonale, cela ne fait que commencer ce que l'on nomme un biais.

Dans quel sens porte-t-on le ruban métrique sur l'étoffe pour déterminer la largeur d'un biais?

Il faut le porter verticalement, en partant de la ligne diagonale, pour obtenir le nombre de centimètres que l'on désire donner au biais.

Ne jamais porter le nombre de centimètres en partant de la ligne diagonale sur le sens de la chaîne ou de la lisière; le nombre ainsi porté donnerait un biais plus étroit que le nombre de centimètres que l'on a préalablement porté sur la chaîne.

Quelles sont les précautions à prendre pour assembler les biais les uns avec les autres?

Il y a deux choses à observer: 1° Ne jamais réunir la chaîne avec la trame, mais bien deux chaînes ensemble ou deux trames. La réunion de deux trames ne peut exister que lorsque le morceau d'étoffe est coupé en ligne diagonale jusqu'à l'extrémité de l'angle.

2° A l'extrémité de chaque morceau de biais, il y a un angle aigu et un angle obtus; or, l'angle aigu sera placé à l'extrémité de l'index de la main gauche, et l'angle obtus du deuxième biais environ à un demi-centimètre éloigné de l'angle aigu, et à la jonction des deux lignes diagonales sera faite la couture. Sans cette précaution, lorsque la couture serait terminée, les deux biais seraient inégaux des deux côtés.

Quelle différence y a-t-il entre un liséré, un biais ou un passe-poil?

La différence n'existe que dans l'emploi qu'on en

veut faire. Un biais sert en général pour orner les robes, border l'encolure, doubler le bas des manches.

Le liséré est un biais dans lequel on renferme une ganse; on peut lisérer l'encolure d'une robe, l'entournure, etc.

Le passe-poil, biais sans ganse, est de nuance disparate; on l'emploie généralement pour les vêtements d'hommes.

Combien y a-t-il de sortes de points dans la chemise d'homme ?

Six : l'ourlet, le surjet, la couture rabattue, la piqûre, le froncé (froncis) et la boutonnière.

De combien de manières peut-on froncer?

On peut froncer de trois manières :

1° A la poucette, pour la lingerie fine ;

2° Le roulé, qui s'emploie pour la mousseline et le tulle ;

3° Le froncé ordinaire au point coulé ou point devant.

Dans quel sens doit-on tailler une ceinture de robe, de pantalon, etc. ?

La ceinture d'une robe, d'un pantalon, le petit poignet qui entoure le haut d'une chemise, la bande ou gorge qui la ferme, les cols, les poignets de chemise d'homme, les barrettes de tablier d'enfant, doivent être taillés dans le sens de la lisière, la trame n'offrant pas assez de solidité...

Il y a trois sortes d'aiguilles :

1° L'aiguille longue pour repriser le linge, dont le chas est allongé; l'aiguille longue dont le chas est rond, est employé par les modistes et les couturières pour froncer les volants et coudre les ornements sur les robes ;

2° L'aiguille demi-longue pour couturière ; la piqûre ne serait pas aussi régulière avec une longue aiguille ;

3° L'aiguille courte et fine s'emploie pour la lingerie ; l'aiguille plus grosse et courte est spéciale aux tailleurs, le drap étant très épais.

Combien y a-t-il de sortes de canevas ?

Il y a deux sortes de canevas :

1° Le canevas de Java, qui est une toile dont les fils sont éloignés les uns des autres, à distance égale. On le nomme ainsi parce que les premières tapisseries furent faites sur des toiles de sacs à café provenant de l'île de Java ;

2° Le canevas de Pénélope, qui diffère du canevas de Java par la disposition des fils. Sa chaîne est composée de deux fils réunis et placés de distance en distance ; la trame venant en sens contraire, dans le même ordre, forme de plus grands carrés que ceux du canevas de Java, de sorte qu'il est plus avantageux dans son emploi que celui-ci, d'abord parce que la laine s'effilera moins en le travaillant, et que souvent il évite des fautes aux commençantes, en leur présentant des fils pour ainsi dire comptés.

Comment peut-on enseigner à repriser à un enfant ?

On doit choisir de préférence un vieux morceau de grosse toile ; *couper en carré* l'un des trous qui pourraient s'y trouver ou en former un ; puis bâtir l'endroit de la reprise ainsi préparé, sur une toile cirée ou sur plusieurs doubles de papier.

On rétablit : 1° la chaine en partant de bas en haut en ayant soin de laisser une petite boucle au fil qui permettra à la reprise de se retirer au lavage sans érailler l'étoffe ; on continuera ensuite par la trame, ne relevant qu'un fil sur l'aiguille et en laissant un dessous ; au second tour le fil laissé sous l'aiguille (au 1er tour) sera relevé pendant que le relevé du premier tour restera sous l'aiguille.

Les différentes sortes de reprises sont ·

1° La reprise ordinaire ;
2° La reprise damassée ;
3° La reprise perdue.

Comment au tableau noir enseignez-vous à marquer à un enfant?

Je trace un carré que je divise en plusieurs autres, et j'indique par des chiffres les endroits où l'aiguille doit passer (*Démonstration*).

Comment assembleriez-vous une jupe avec coutures dites anglaises?

Les morceaux qui composent la jupe doivent être réunis les uns aux autres à l'endroit de l'étoffe par une couture à point coulé dit point devant; chaque couture achevée sera recommencée à l'envers de l'étoffe, et la deuxième couture à point coulé renfermera ainsi la couture primitivement faite à l'endroit de l'étoffe. Ce genre de couture s'emploie généralement pour les vêtements non doublés.

FIN

TABLE DES MATIÈRES

IMPRIMERIE CENTRALE DES CHEMINS DE FER. — IMPRIMERIE CHAIX,
RUE BERGÈRE, 20, PARIS. — 4214-4.

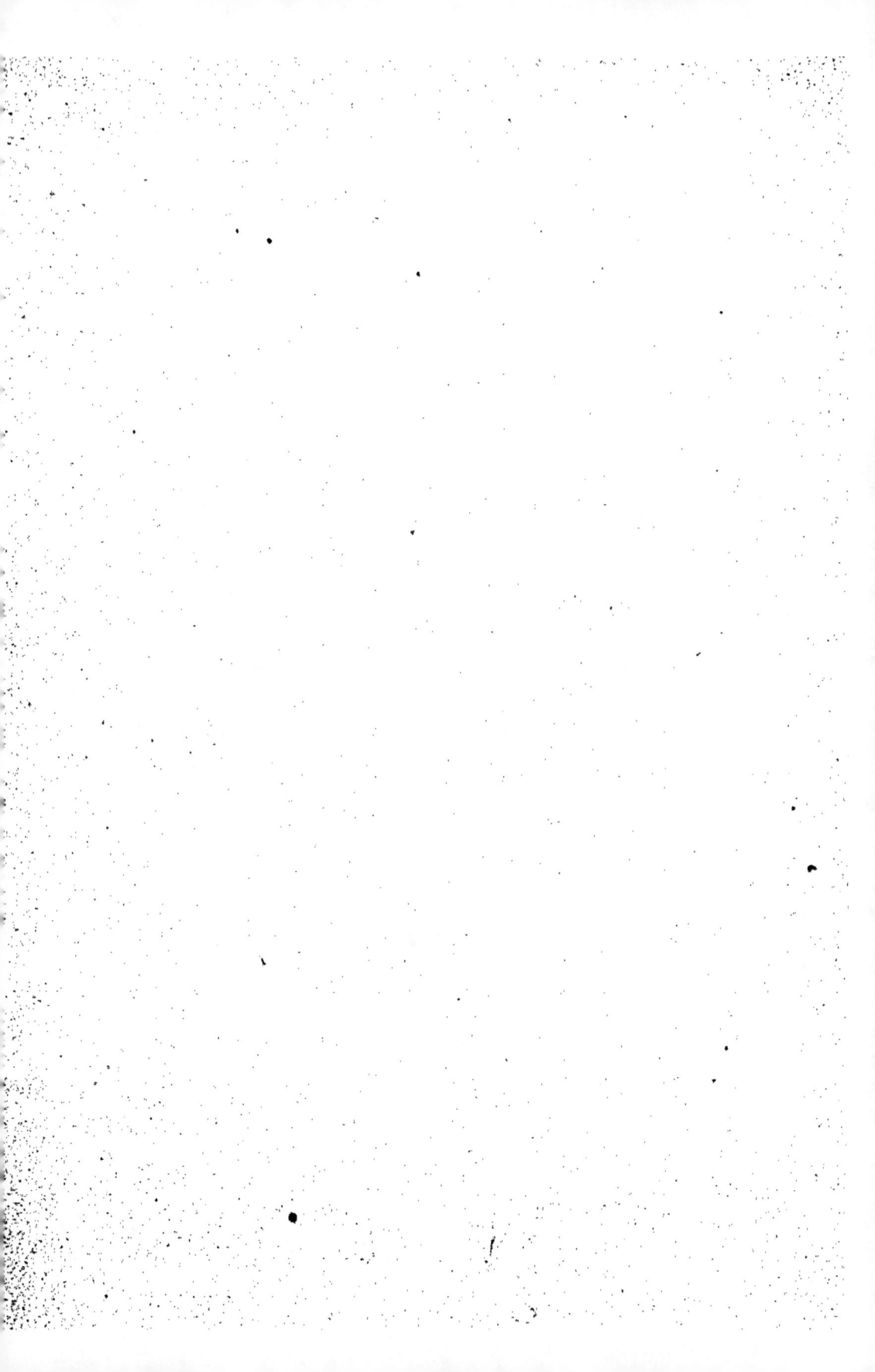

IMPRIMERIE CENTRALE DES CHEMINS DE FER. — IMPRIMERIE CHAIX.
RUE BERGÈRE, 20, PARIS. — 4216-4.

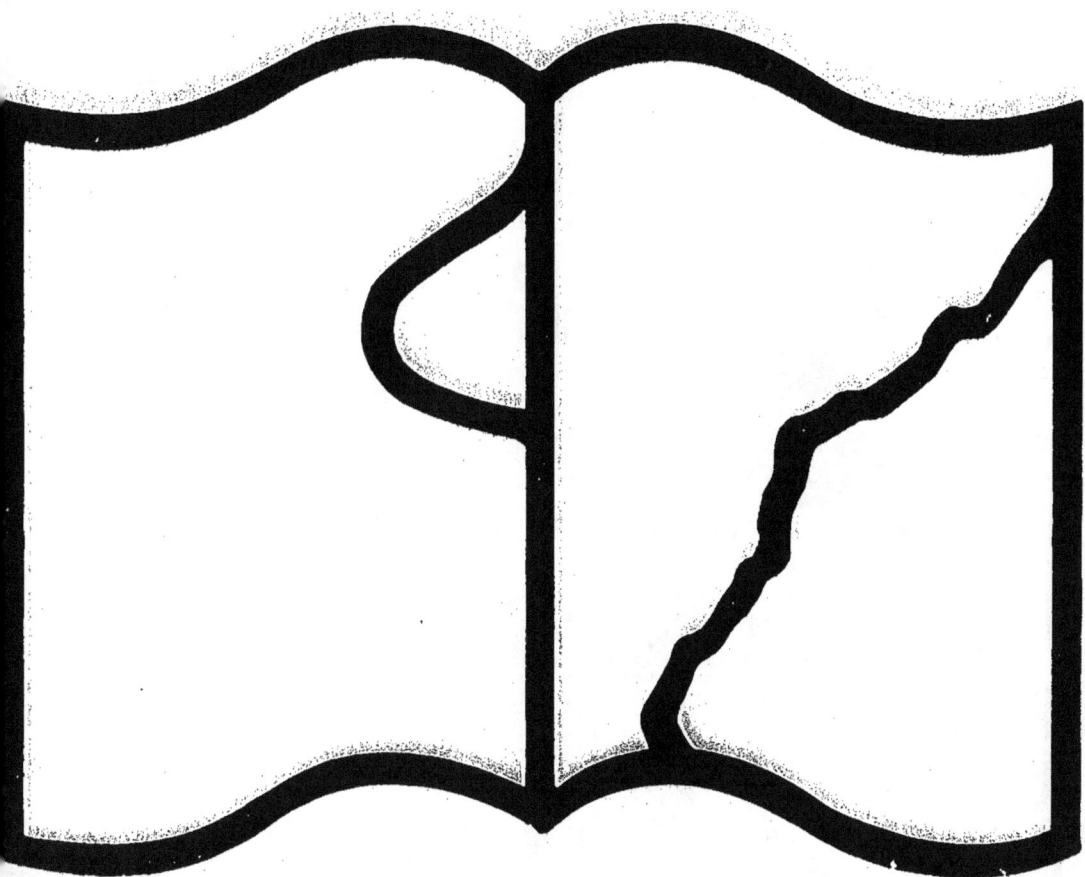

Texte détérioré — reliure défectueuse

NF Z 43-120-11

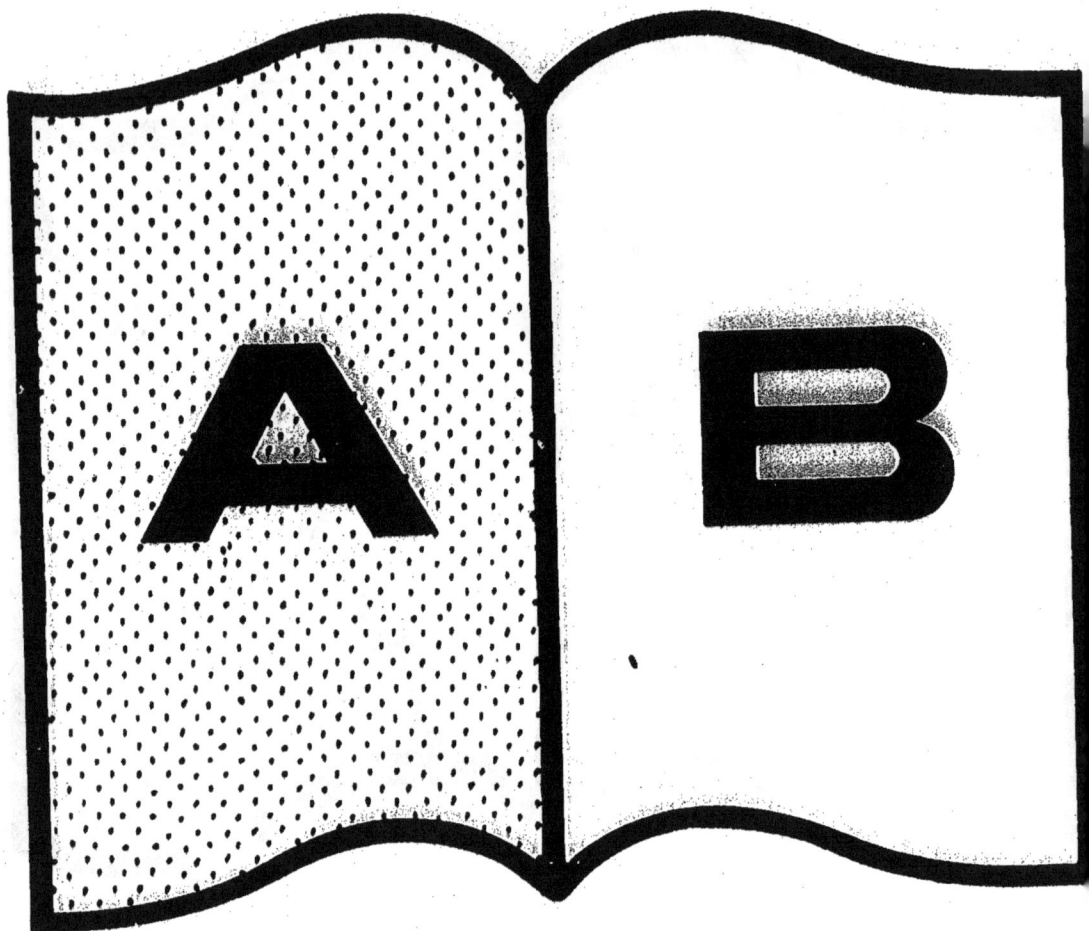

Contraste insuffisant

NF Z 43-120-14

www.ingramcontent.com/pod-product-compliance
Lightning Source LLC
Chambersburg PA
CBHW051731090426
42738CB00010B/2195